감춰져 있던 오스트레일리아 새롭게 읽기

호주에
건네는 인사

감춰져 있던 오스트레일리아 새롭게 읽기

호주에 건네는 인사

초판인쇄 2016년 12월 09일
초판발행 2016년 12월 09일

글 · 사진 정희정
펴 낸 이 채종준
기   획 이아연
편   집 박미화
디 자 인 이효은
마 케 팅 송대호

펴 낸 곳 한국학술정보(주)
주   소 경기도 파주시 회동길 230(문발동)
전   화 031-908-3181(대표)
팩   스 031-908-3189
홈페이지 http://ebook.kstudy.com
E-mail 출판사업부 publish@kstudy.com
등   록 제일산-115호(2000. 6. 19)

ISBN 978-89-268-7670-1 03960

감춰져 있던 오스트레일리아 새롭게 읽기

호주에
건네는 인사

SAY PALYA TO
AUSTRALIA

글 · 사진 / **정희정**

이담
Books

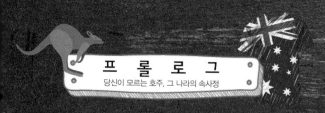

프롤로그
당신이 모르는 호주, 그 나라의 속사정

"모두가 말하는
오페라 하우스Opera House를 나도 보았어!"

호주를 방문하는 대다수의 사람들은 오페라 하우스를 봤다는 사실에 만족하며 귀국하곤 한다. 간혹 호주의 내륙을 여행하는 이들도 몇몇 존재하지만, 그곳에서 촬영한 기념사진을 본 사람들은 하나같이 일관된 반응을 보인다.

"등 뒤의 붉은 바윗덩어리는 뭔데? 금 간 푸딩?"

이러한 반응을 기대하고 침낭 하나에 의존해 사막에서 밤을 지새운 것이 아닌데…… 드넓은 대지에 내리쬐던 햇볕과 시종일관 시야를 채우던 붉은빛은 다시금 나를 짓누른다. 여행은 물론 자기만족을 위해 떠나는 행위이지만 아무도 부러워하지 않는 여행은 왠지 모를 쓸쓸함과 억울함을 남긴다.

하지만 별수 없다. 대부분의 사람이 시드니 오페라 하우스의 흰색 지붕과 멜버른을 휘감은 금빛 자취만으로 호주를 예찬하는 가운데, 저녁노을에 물든 울룰루Uluru와 카타 추타Kata Tjuta, 퍼스Perth 외곽의 금빛 피너클스Pinnacles, 태즈메이니아Tasmania의 주황색 돌들에 대한 이야기는 잠시 접어둘 수밖에. 다만 누군가가 '호주=오페라 하우스'란 공식을 깨주기만을 바랄 뿐이다. 하나의 대륙이 한 국가를 이룬 그곳에, 정녕 오페라 하우스밖에 볼거리가 없겠는가?

여기에 호주가 억울한 한 무리의 사람들이 또 있다.

"1770년 제임스 쿡James Cook 선장은 탐험대를 이끌고 영국에서 출발했습니다. 쿡 선장과 그의 일행은 영국을 출발한 지 8개월 만에 신대륙을 발견했고, 이곳을 포제션 섬Possession Island이라 명명했지요. 이후 '소유하다possess'는 섬의 이름대로 비어 있던 대륙은 영국령에 귀속됐답니다."

이 이야기는 전 세계에 알려진 호주 역사의 단편이다. 철저히 유럽계 이주민들의 시선에서 바라본 이야기 속에서, 쿡 선장은 인류에게 잊힐 뻔한 오세아니아 대륙을 구원한 영웅으로 칭송받는다.

하지만 기억해야 할 사실이 있다. 제임스 쿡 선장이 호주 땅에 도착하기 이전에도 대륙은 비어 있지 않았다. 이곳에는 애버리지니 사람들Aborigine Peoples이라 불리는 호주 원주민들이 살고 있었다. 애버리지니 사람들의 인구수는 유럽의 어느 국가와 비교해도 적지 않았으며, 일부 부족들은 인도네시아를 비롯한 동남아시아 국가들과 활발히 교역했다. 그들은 대륙이 황무지와 사막, 열대우림으로 가득 차 있음에도 이 땅을 사랑했다. 이곳은 그들의 전부이자 유일한 삶의 터전이었다.

애버리지니 사람들은 유럽인들의 땅따먹기식 접근과는 차원이 다른 애정을 이 땅에 쏟았다. 하지만 오세아니아 대륙에는 유럽계 백인들이 살지 않았기에, 쿡 선장은 이곳을 '비어 있는 땅'이라 영국 정부에 보고했다. 이후 백인들이 신대륙으로 이주하면서 애버리지니 사람들은 백인들을 피해 깊은 산속이나 황량한 황무지로 자취를 감췄고, 이곳은 실제로 '비어 있던' 땅으로 전락했다.

애버리지니 사람들의 인권 문제는 현재까지도 해결되지 못한 채로 남아 있다.

그리고 호주 사람들은 자국의 역사가 어떠한 아이러니를 기반으로 발전했는지 잘 알고 있다(여기서 '호주 사람들'이란, 일반적으로 영국계 백인 이주민들을 지칭한다). 하지만 그들은 그 속사정을 대륙 밖으로 전하지 않으려 애쓴다. 그들의 변명은 다음과 같다.

"호주는 영토 크기에 비해 확연히 적은 영향력을 지닌 국가죠. 아시잖아요? 한국만 하더라도 워킹홀리데이인(人)들의 사건 사고 소식 외에는 호주에 관심 갖지 않는 것을. 가뜩이나 그런 상황에서 애버리지니 사람들의 인권 문제로 저희가 회자되어야 하나요?"

실제로 호주는 중국이나 미국과 견줄 만한 넓은 면적의 영토를 가지고 있으나 국가적 영향력은 그에 미치지 못한다. 그들은 세상을 뒤흔들 만한 발견을 한 적도, 세계 경제를 휘어잡을 만한 수출품을 낸 적도 없다. 그 때문에 호주인들은 애버리지니 사람들의 이야기가 세간에 알려져 가뜩이나 옅은 기존의 호평마저도 잃을까 우려한다.

반면 호주의 주변국들은 애버리지니 사람들이 겪어온 부당함을 잘 알고 있으면서도 이를 쉽게 지적하지 못한다. 호주가 인종적으로는 유럽 대륙에, 지리적으로는 아시아 대륙에 가깝기 때문이다. 유럽과 아시아 대륙의 국가들은 '지리적으로 거리가 먼' 또는 '인종적으로 유사점을 찾을 수 없는' 호주에 대한 자국의 관심이 어디까지 합당한지 수 세기째 고민 중이다.

글을 써 내려가는 이 순간, 나 또한 호주를 향한 관심이 어느 정도까지 타당한지 분명한 답을 내린 것은 아니다. 이미 호주에서 1년을 지내며 두 달이 넘도록 전역을 일주했으니, 더는 이곳을 방문할 일이 없을지도 모른다. 하지만 호주의 남쪽 도시 애들레이드Adelaide에서 만난 한 애버리지니 아저씨는 다음의 인사말을 내게 남겼다.

"팔랴Palya!"

팔랴는 애버리지니 사람들 말로 안녕hello, 잘 가goodbye, 고마워thank you의 의미를 모두 포함한다. 그가 인사말을 남긴 것은 호주 원주민으로서 이 땅을 살아가는 것이 어떠한 의미인지를 내게 쏟아낸 후였다. 그는 백인들로부터 땅과 가족 전부를 잃었고, 백인이 아닌 나라면 자신의 사정을 끝까지 들어줄 것이라 믿었다고 말했다. 그런 그의 인사에 보답해 내가 할 수 있는 일은 그들의 속사정을 조금이라도 누군가에게 알리는 것이 아닐까?

이 책을 그와 이 땅의 애버리지니 사람들에게 바친다. 팔랴!

2016.11.

정희정

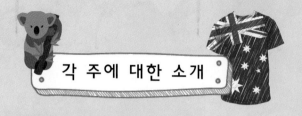

각 주에 대한 소개

뉴 사우스 웨일스 New South Wales: 시드니Sydney를 주도主都로 하는, 호주에서 가장 번성한 주州. 호주의 역사가 이곳에서 시작됐다.

태즈메이니아Tasmania: 호주 본토의 남단에 위치한 섬. 호바트Hobart와 론서스턴Launceston을 중심으로 발전해왔다. 호주에서 두 번째로 이주민 정착이 시작된 곳이다.

빅토리아Victoria: 멜버른Melbourne을 주도로 하며, 골드러시gold rush를 기반으로 성장했다. 황금빛의 옛 흔적은 여전히 도시 곳곳에 남아 있다.

웨스턴 오스트레일리아 Western Australia: 호주 서부의 유일한 대도시 퍼스Perth를 기점으로 광산업에 기반을 두고 성장해왔다. 외곽의 이색적인 국립 공원들은 놓치지 말아야 할 볼거리다.

퀸즐랜드Queensland: 연중 화창한 날씨로 유명하며, 주도인 브리즈번Brisbane보다 레저스포츠를 즐길 수 있는 케언스Cairns와 휴양 도시 골드코스트Gold Coast가 여행객들의 인기를 끈다.

오스트레일리아 수도 특별지역 Australian Capital Territory, ACT: 1901년 오스트레일리아 연방의 수립과 동시에 수도 특별지역으로 지정됐으며, 수도인 캔버라Canberra가 위치한다.

사우스 오스트레일리아 South Australia: 애들레이드Adelaide는 부메랑 코스트Boomerang Coast의 끝자락을 장식하며 성장해왔다. 주의 수입 대부분을 와인 사업으로 벌어들인다.

노던 테리토리 Northern Territory: 다윈Darwin을 주도로 하며, 앨리스스프링스Alice Springs, 울룰루Uluru, 카타 추타Kata Tjuta 등이 이곳에 속한다. 넓은 대지에 비해 거주하는 인구수가 적어 호주의 준주準州로 남아있다.

INDIAN
OCEAN

Western
Australia

Perth

차 례

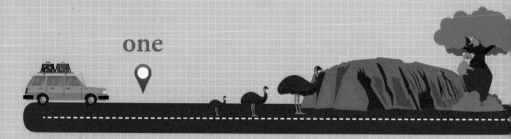

one

two

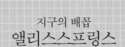

eight

nine

ten

one

부메랑 코스트 제1의 도시
시드니

쿡 선장을
믿지 마세요

드디어 시드니Sydney에서의 첫 아침이다. 여행지에서
의 나날은 매일이 특별하지만, 여행 장소가 바뀐 첫날의 아침은 유독 색
다르다. 오후에는 리Lee 언니를 만날 예정이었다. 그녀
와는 브리즈번Brisbane에서 교환학생으로 공부할 때 만
났고, 인생의 자잘한 고민들을 나누며 친해졌다. 가령
한국 라면을 싸게 살 수 있는 슈퍼는 어디이며, 떡국
떡으로도 떡볶이를 성공적으로 만들 수 있는가 등의
문제가 우리의 주된 화두였다. 제법 일찍 일어난 덕분
에 리 언니를 만나기까지는 꽤 넉넉한 오전 시간이 남
아 있었다.

시드니의 아침은 출근하는 사람들로 북적였다. 대
부분의 가게들이 문을 열지 않은 채였고, 몇몇 편의점
과 커피 전문점, 24시 패스트푸드 레스토랑만이 시드
니사이더Sydneysider들과 하루의 시작을 함께 했다. 호주
는 각각의 도시마다 시민들을 부르는 별칭이 존재하
는데, 그중 시드니사이더는 시드니에 사는 이들을 지
칭하는 말이다. 이름의 연유야 어찌 됐든 일터로 향하
는 그들의 분주한 움직임이 가라앉은 후에야 도시는
진면목을 드러낼 터였다. 때마침 발견한 'Breakfast is
offered!(아침 식사가 제공됩니다!)'라는 카페의 표지
판이 참으로 반가웠다.

문을 열고 들어선 카페는 정장 차림의 손님들로 가득했다. 그들은 신문을 넘기며, 팬케이크 두어 조각과 커피를 즐기는 중이었다. 출근 직전의 여유랄까? 그들 사이에서 나 또한 팬케이크를 주문했다. 버터 조각이 얹어진, 시럽이 흘러내리는 팬케이크 3장. 배가 기분 좋게 불러왔다. 시드니 도심을 향할 준비는 이쯤이면 충분했다.

시드니 거리에서는 어느 곳을 걸어도 높고 빼곡한 빌딩 숲을 벗어날 수 없었다. 고층 건물들의 사이로는 비좁은 차선과 그보다 더 좁은 인도만이

▲ 시드니에서 가장 높은 타워 아이 전망대
▶ 타워 아이 전망대에서 내려다본 시드니의 전경

존재했다. 출근 시간이 지났다는 사실이 무색할 정도로 많은 차와 인파가
길 위를 오갔다.

물밀듯이 밀려드는 사람들의 틈에 끼어 시드니 타워 아이Sydney Tower Eye
전망대에 도착했다. 전망대에 올라 시드니의 전경을 둘러보는 것이 이 도
시에서 첫 번째로 할 일이었다. 평일 오전 시간대임에도 매표소의 줄은 무
척 길었고, 한참을 기다려서야 전망대 상층을 향하는 엘리베이터에 오를
수 있었다.

그 끝에 도착한 타워 아이 전망대가 선사한 도시의 정경은 나의 기대를
깨뜨리지 않았다. 도심을 벗어난 시드니 외곽에는 넓은 녹지대와 바다가
펼쳐져 있었고, 햇볕은 전망대의 구석구석까지 내리쬐었다. 고층 빌딩들

이 촘촘히 늘어선 시드니 거리에서는 좀처럼 느낄 수 없던 감흥이었다. 그리고 시드니를 찾은 모두에게 너그러울 것만 같은 도시의 경관을 보고 있자니, 문득 좀처럼 순탄하지 못했던 이 도시의 시작이 떠올랐다.

때는 1787년으로, 당시 영국 정부는 늘어나는 하층민과 죄수들로 골머리를 앓고 있었다. 하층민들은 열악한 환경에서도 계속해서 아이를 낳았고, 자녀를 먹이려 생계형 범죄를 저질렀다. 도시 인근 감옥의 수감자 수는 그들의 출생률에 비례해 증가했다. 이후로도 악순환은 계속됐다. 부모들의 수감 여부와 무관하게 아이들은 자랐고, 그들이 굶주림을 해결할 방법은 좀도둑질뿐이었다.

런던 인근의 감옥들은 만원이 된 지 오래였고, 영국 정부는 늘어나는 범죄자의 수를 더는 감당할 수 없었다. 죄수들을 먹이고 입히며 재우는 비용은 상상을 초월했다. 참다못한 영국의 귀족과 정치인들은 그들을 사회악이라 일컬었다.

일련의 상황에 지쳐가던 중 누군가가 다음과 같은 생각을 떠올렸다.

"제임스 쿡James Cook 선장이 발견한 남쪽 신대륙에 하층민과 죄수들을 보내버리면 어떨까?"

영국 정치계는 그의 발언에 환호했다. 뱃길이 험하지 않은지, 안전하게 정착할 수 있는지 등의 문제는 고려할 요소가 되지 못했다. 범죄자들이 항해 길에 혹은 신대륙 정착 과정 중에 목숨을 잃는다 한들 그들에게는 아쉬울 것이 없었다.

신대륙을 향할 선단은 곧장 꾸려졌다. 1787년 5월 18일 아서 필립Arthur Phillip 선장을 항해 총책임자로 한 11척의 함선이 영국 해안선을 벗어났다. 승선자의 대다수는 하층민과 죄수들로, 가난에서 벗어나거나 감옥 생활을 청산하게 해주겠다는 말에 혹한 이들이었다.

이듬해 1월, 필립 선장과 그의 일행은 남쪽 신대륙에 도착했다. 그러나 그 땅은 쿡 선장의 묘사와는 상당히 달랐다. 땅은 척박했고, 소금기를 머금고 있어 농사를 지을 수가 없었다. 하천을 찾지 못해 식수를 구하는 데도 난항을 겪었다. 영국에서 가난하게 살거나 감옥에 수감되어 지내는 편이 나았을 거란 생각이 모두의 머릿속을 스쳤다.

계속해서 주변을 살핀 끝에, 필립 선장은 간신히 얇은 강줄기를 발견했다. 그 물줄기의 끝은 시드니 만Sydney Cove, 현재의 서큘러 키Circular Quay 근방으로 이어졌다. 그 일대의 땅은 비교적 윤택했으며, 주변을 흐르는 강으로부터 식수를 공급받을 수도 있었다. 이보다 더 나은 곳은 없다는 생각에 필립 선장은 일행들에게 정착을 명했다. 호주 제1의 도시, 시드니가 시작되는 순간이었다.

타워 아이 전망대를 나와 커피 한 잔의 여유를 즐기려던 찰나, 리 언니에게서 전화가 걸려왔다. 그녀는 당황스러움이 잔뜩 묻어나는 목소리로 물어왔다.

"본다이 비치Bondi Beach에 어떻게 가는지 알아?"

"서큘러 키에 페리가 있을 걸?"

"운행을 안 한다던데? 본다이 비치는 버스나 기차로만 갈 수 있대."

본래 본다이 비치로 향하려던 이유는 페리를 타고 필립 선장과 동일한 감흥을 느껴보려는 것이었다. 영국에서부터 긴 항해 길을 거쳐 도착한 그에게 이 도시가 어떠한 모습으로 비췄을지가 궁금했다. 하지만 이제 가능한 선택지는 두 가지였다. 버스를 타고 예정대로 본다이 비치를 향하는 것과 페리를 타고 맨리 비치Manly Beach를 향하는 것. '파도가 바위에 부딪치는 소리bondi'가 들리는 해변이냐, '남자다운manly' 해변이냐. 결정을 내리기까지는 오랜 시간이 걸리지 않았다. 각각의 이름이 붙여진 자세한 연유는 모르겠지만, 파도의 소리를 듣는 편이 남자다움에 대한 감상보다는 낫게 느껴졌다.

시드니 외곽 풍경.
시내와 달리 고층 건물들을 찾아볼 수 없다.

본다이 비치의 서퍼들

버스의 창밖으로 보이는 시드니 외곽 풍경은 시내의 빌딩 숲과는 전혀 다른 분위기를 풍겼다. 낮게 지어진 건물들이 줄지어 있었고, 사람들은 여유롭게 그 사이를 거닐었다. 이를 보고 있자니 페리를 타지 못한 아쉬움은 금세 떨쳐졌다. 오랜만에 리 언니를 만난 반가움도 여기에 한몫을 보탰다. 하지만 본다이 정류장에 내린 순간 우리는 당황할 수밖에 없었다. 쿡 선장을 믿고 신대륙을 향한 필립 선장의 기분이 이러했을까? 평일 오후이며 초봄임을 감안하더라도 본다이 비치는 지나치게 한적했다. 전신 수영복을 갖춰 입은 서퍼들 외에는 누구도 바닷물에 몸을 담그지 않았다. 사람들은 모래사장이나 인근 잔디밭에 죽은 듯이 드러누워 선탠을 즐길 뿐이었다.

생기라곤 찾아볼 수 없는 그곳에서 리 언니와 내겐 잠시의 시선 교환 외에 다른 말은 필요 없었다. 다시 시드니로 돌아가기까지는 그다지 오랜 시간이 걸리지 않았다. 그리고 버스에서 내리자마자 우리는 곧장 서큘러 키 선착장으로 내달렸다. 지금이라도 늦지 않았다면, 페리를 타고 어디라도 향할 작정이었다.

페리 선착장은 하루 일과를 마친 시드니사이더들로 분주했다. 승무원들은 벌써 퇴근한 모양인지 열려 있는 창구는 하나뿐이었다. 다행히 우리는 로즈 베이Rose Bay행 표를 끊을 수 있었다. 얼마 지나지 않아 페리는 시원스레 경적을 내뿜으며 서큘러 키를 출발했다.

웃손은
억울해

　　오페라 하우스Opera House의 지붕은 멀리까지 빛을 발했다. 여행객들은 오페라 하우스가 한눈에 보이는 길목 곳곳에 앉아 먹고 마시고 웃었으며, 비슷한 포즈의 기념사진을 촬영했다. '한 도시와 국가, 한 대륙을 대표할 뿐 아니라 20세기를 대표하기에 손색이 없습니다'라는 프리츠커 건축상의 심사평은 괜한 말이 아니었다. 이를 설계한 예른 웃손Jorn Utzon이 받은 처우를 생각하면, 마냥 기뻐할 수만은 없지만 말이다.

　　덴마크 출신의 젊은 건축가 예른 웃손은 뉴 사우스 웨일스 주 정부가

개최한 디자인 공모전에서 당당히 우승을 차지했다. 시드니의 명성을 드 높일 공연장을 지으려는 가운데, 조개껍데기를 뒤집어 놓은 듯한 그의 설 계도는 금세 심사위원들을 매료시켰다. 공연장 지붕의 독특한 디자인과 새하얀 색깔은 인근 풍경과 어울려 멋들어진 경관을 빚어낼 것이 분명했 기 때문이다. 이에 1957년 웃손은 어마어마한 상금을 수상함과 동시에 오 페라 하우스 건축의 총책임자로 임명됐다.

하지만 첫 삽을 뜬 지 얼마 되지 않아 폭우와 궂은 날씨가 연일 계속되 면서, 공사는 기약 없이 지연됐다. 급기야 시드니의 연륜 있는 건축가들 사이에서 조가비 모양의 지붕을 실체화하는 것이 불가능하다는 분석마 저 나왔다. 웃손은 타일 조각을 잘게 이어붙이는 아이디어를 제시했지만, 정부 관계자들을 이해시키기엔 부족했다. 그들은 웃손이 이상주의자라고 여겼고 지나치게 과중한 예산을 사용한다고 생각했다.

　　결국 뉴 사우스 웨일스 주의 정부 관계자들은 건축 재정이 부족하다는 이유로 웃손의 월급을 몇 달간 지급하지 않기에 이르렀다. 공사 현장을 찾아 시시콜콜한 비판을 쏟아내는 것도 그들의 일과로 자리 잡았다. 계속되는 갈등에 먼저 관계를 청산한 쪽은 웃손이었다. 더 이상 시드니를 위해 일할 생각이 없었던 그는 오페라 하우스의 내부 공사만을 남긴 채 사표를 제출했다. 주 정부는 이를 기다렸다는 듯이 받아들였다.

　　이후 시드니 출신의 피터 홀Peter Hall이 그의 후임으로 임명됐다. 홀은 무척이나 정중한 사람이라서 웃손에게 연락해 자신이 오페라 하우스 공사의 전권을 넘겨받아도 될지를 물었다. 그리고 오페라 하우스 내부에 웃손의 방Utzon's Room을 남겨 그의 공로를 기리는 것도 잊지 않았다. 다만 홀은 웃손이 사용했던 예산의 4배를 들이고 나서야 공사를 마쳤다. 정부 관계자들은 웃손을 쫓아낸 것을 후회했지만, 그들이 돌이킬 수 있는 것은 아무 것도 없었다.

　　오페라 하우스의 우측으로는 시드니 왕립 식물원Royal Botanic Garden, Sydney이 펼쳐졌다. 그리고 그 끝에는 맥쿼리 부인의 의자Mrs. Macquarie's Chair가 있는 전망대가 위치했다. 뉴 사우스 웨일스 주의 5대 총독 라클란 맥쿼리Lachlan Macquarie가 그의 부인을 위해 꾸민 곳으로, 시드니 만을 배경으로 오페라 하우스와 하버 브리지Harbour Bridge를 한꺼번에 카메라 앵글에 담아낼

시드니 왕립 식물원. 맥쿼리 총독은 그의 부인에게 이곳을 선물했다.

◀ 서큘러 키를 오가는 페리와 그 너머의 록스
▲ 하버 브리지는 오페라 하우스와 함께 시드니를 대표한다.

수 있기로 유명하다. 시드니를 생각하면 으레 떠오르는 전형적인 배경과 각도의 사진을 말이다.

하지만 맥쿼리 총독은 멋들어진 식물원과 전망대를 마련한 것만으로 설명되기에는 아쉬운 인물이다. 그는 '오스트레일리아Australia'라는 국호를 처음으로 공표했고, 시드니에 세워진 공공시설과 공공기관 다수를 재임 기간에 건설했다. 그가 지금까지 호주의 아버지The Father of Australia라 불리며 칭송받는 것은 과언이 아니다.

한편 오페라 하우스의 맞은편이자 서큘러 키의 다른 쪽 끝은 록스The Rocks라 불렸다. 현재는 고전적인 외양의 레스토랑과 부티크들로 즐비한 이곳은, 한때 항해를 마친 선원들이 즐겨 찾던 슬럼가였다. 선원들은 싼값에 술을 마시며 노고를 풀 수 있어 록스로 향했고, 그들을 따라 부랑자와 집시들도 모여들었다. 록스가 시드니를 대표하는 빈민가로 자리 잡기까지는 오랜 시간이 걸리지 않았다.

하지만 하버 브리지가 건설되면서 일대는 변혁을 겪었다. 다리를 오가는 일일 통행량이 날마다 신기록을 경신했고, 호주와 유럽 각국의 언론들은 그 모습을 바쁘게 담아낸 까닭이다. 뉴 사우스 웨일스 주 정부는 하버 브리지가 시작되는 록스의 추레한 모습이 언론을 통해 보도될까 두려웠다. 이미 늦은 감이 없지 않았지만 주 정부는 록스를 단장하기 시작했다. 그들은 걸인과 길고양이들을 내쫓았고, 술집과 빈민가들을 철거했다. 그들이 떠난 자리에는 고급 레스토랑과 술집, 부티크들이 들어섰다.

이전까지 록스가 간직했던 빈민가의 풍경은 굳이 드러낼 만한 것이 아니었기에 이러한 정부의 방침이 이해되지 않는 것은 아

니다. 오페라 하우스나 하버 브리지*와 같은 전 세계적인 관광 명소의 옆에서 록스의 초라함은 더욱 부각될 것이었다. 하지만 록스가 삶의 터전이던 빈민들은 어디로 갔을까? 이런 의문만을 제외하면, 일대의 번화한 모습은 마냥 보기에 좋았다.

* 기회가 된다면 하버 브리지 클라이밍에 도전해보자. 다리의 아치를 기어올라 오페라 하우스를 포함한 시드니 도심의 경관을 감상할 수 있다.

웃손과 록스의 빈민들에게 시드니는 결코 친절한 도시가 아니었다. 그리고 여기, 시드니가 매정했던 마지막 사람에 대한 이야기가 남아 있다. 앞서 성공적으로 탐험을 마친 제임스 쿡 선장은 '남쪽에는 신대륙이 실재하며, 그곳은 무척이나 살기 좋은 곳으로 보입니다'라는 보고서를 상부에 올렸다. 그의 보고서는 신대륙에 대한 칭찬 일색이었다. 대륙은 영국이 더 빨리 더 많은 관심을 쏟지 않은 것을 후회할 정도의 좋은 땅으로 묘사됐다.

◀ 록스의 뒷길을 통해 하버 브리지와 필론 전망대(Pylon Lookout)로 갈 수 있다.
▲ 필론 전망대에서 바라본 서큘러 키

영국 정부는 그의 발언을 추호도 의심하지 않았다. 하지만 약간만 생각을 전환해보자. 이는 쿡 선장이 몇 달간의 항해 끝에 간신히 영국에 도착한 직후 작성한 보고서였다. 영국 정부는 그의 발견에 들떠 있었고, 국민들은 그를 영웅으로 추앙했다. 그들은 신대륙이 얼마나 살기 좋은 땅인지를 듣고 싶어 했다. 쿡 선장이 부정적인 이야기를 나열할 이유는 전혀 없었다. 대신 그는 충분한 과장을 섞었다. 가령 다음과 같은 식이었다.

"제가 이끈 인데버호HMB Endeavour는 암초에 부딪혀 좌초될 뻔했습니다. 그러나 저의 기지로 위기를 극복하고 항해를 계속했죠. 뉴질랜드의 마오리족과 경미하게 다투었지만, 그 또한 제가 적시에 내린 후퇴 명령으로 피해를 최소화했습니다."

그가 아무런 과장을 덧붙이지 않은 대상은 신대륙에 살고 있던 원주민, 즉 애버리지니 사람들Aborigine Peoples뿐이었다. 애버리지니 사람들은 지금으로부터 약 5만 년 전(일부 학자들에 따르면 12만 년 전)부터 오세아니아 대륙에 거주했다. 그들은 아프리카에서 뗏목을 타고 건너온 것으로 추정되며, 유럽인들이 신대륙을 발견하기까지 자연스레 이 땅의 주인 노릇을 했다. 쿡 선장이 호주에 도착했을 때, 애버리지니 사람들은 적게는 30만 명, 많게는 75만 명에 달할 정도로 번성해 있었다.

문제는 그토록 많던 애버리지니 사람들에 대해 쿡 선장이 일언반구도 하지 않았다는 점이다. 따라서 후일 신대륙에 도착한 아서 필립 선장은 애버리지니 사람들의 존재에 당황했다. 그는 배에서 내린 순간 불안감과 적개심에 떠는 수만 개의 눈동자와 마주했다.

필립 선장은 그들로 인해 신대륙에서의 정착이 순탄치 않을 것임을 직감적으로 깨달았다. 애버리지니 사람들 역시 갑자기 나타난 백인들에 의해 본인들의 삶이 위협당할 것임을 본능적으로 알아챘다. 당시 시드니만 근방에는 4000명에서 8000명가량의 애버리지니 사람들이 생활 터전을 잡고 있었다.

양측의 신경전 끝에 필립 선장은 그들에게 우호적인 태도로 다가갈 것을 결심했다. 그는 애버리지니 사람들을 위협하거나 해치지 않았고, 간혹 호기심을 보이며 다가온 이들에게는 미소를 지어 보였다. 필립 선장의 일관된 태도는 그들의 마음을 움직이기에 충분했다. 몇몇의 애버리지니 사람들은 그들에게 식량을 나눠주었고, 그들의 호의는 필립과 그의 일행이 정착하는 데 충분한 도움이 됐다.

하지만 이듬해, 그들의 관계는 깨어졌다. 시작은 사소했다. 백인들 사이에서 결핵과 홍역, 천연두와 같은 전염병이 돌기 시작한 것이다. 유럽에서도 종종 치러내던 질병들에 영국인들은 의연히 대처했다. 그들은 이미 충분한 면역력을 갖추고 있었기 때문에 인명 피해가 적었다. 하지만 원주민들의 사정은 달랐다. 그들은 질병에 대항할 어떠한 면역 항체도 갖고 있지 못했다. 그 때문에 백인들보다 빠른 속도로 병균에 감염됐으며, 병을 이기

시드니 도심에 남은 애버리지니 사람들

지 못해 목숨을 잃었다. 특히 천연두는 애버리지니 사람들 90% 이상의 목숨을 앗아갈 만큼 치명적이었다.

해가 바뀌고, 시드니 일대에는 몇백 명의 애버리지니 사람들만이 살아남았다. 그들은 백인들을 미워하기 시작했고, 백인들 또한 그런 그들에게 더 이상 우호적이지 않았다. 원주민과 이주민, 두 세력은 서로에게 폭력을 행사하기 시작했다. 총칼을 앞세운 백인들이 싸움의 승자가 되었고, 패자인 원주민들은 소수만이 살아남았다. 살아남은 이들이 깊은 산속으로 숨어들면서 백인들의 정착지 근처에서 애버리지니 사람들을 만나기란 어려워졌다. 현재는 극소수의 애버리지니 사람들만이 시드니 도심에 남아 전통 악기를 연주하고 춤을 추거나 전통 수공예품을 팔아 생계를 유지하며 살아가고 있다.

드림
타임

오늘의 목적지는 블루 마운틴^{Blue Mountain}*. 유럽인들의 총칼과 질병을 피해 애버리지니 사람들이 숨어들었던 장소이다. 애버리지니 사람들은 블루 마운틴의 험준한 산세에도 불구하고 놀라울 정도의 적응력을 보였고, 산은 그런 그들에게 든든한 보호막을 제공했다.

이토록 환상적인 산의 존재를 애버리지니 사람들은 드림타임^{Dreamtime}을 통해 설명한다. 드림타임은 '꿈꾸는 시간'이란 뜻으로, 애버리지니 사람들 고유의 세계관을 지칭하는 용어이다. 그들은 세상의 시작이나 인류의 기원과 같이, 현대 과학으로도 설명할 수 없는 질문들의 답을 드림타임을 통해 찾았다. 가령 블루 마운틴의 형성 배경에 대해 애버리지니 사람들은 다음과 같이 이야기한다.

오랜 옛날, 블루 마운틴 일대에는 미리간^{Mirigan}과 가란가스^{Garangath}가 살았다. 미리간은 고양이를 닮았으며, 가란가스는 상체는 물고기에 하체는 뱀의 모습을 한 존재였다. 여느 고양이와 물고기가 그러하듯 그들은 사이가 좋지 않았고, 만날 때마다 다투는 게 다반사였다. 커다란 덩치를 가진 그들은 싸울 때마다 블루 마운틴 곳곳에 흔적을 남겼는데, 산맥의 일부는 파이고 일부는 솟아오를 정도였다. 그들의 다툼은 블루 마운틴이 현재의 모습에 이르기까지 계속됐다. 그러던 어느 날 미리간과 가란가스는 홀연히 자취를 감췄다. 좁은 블루 마운틴에서의 다툼을 참지 못하고 승천하여 본격적인 싸움을 시작한 것이다.

애버리지니 사람들은 천둥 번개가 심하게 치는 날이면 "미리간과 가란

블루 마운틴은 2000년 유네스코 세계자연유산으로 등록됐다.

세 자매 봉. 카툼바 부족의 드림타임이 전승된다.

가스가 하늘에서 다투는 모양이야" 하고 아이를 달랠 정도로 이를 신봉한다. 물론 부족에 따라 전승되는 드림타임의 내용에는 약간씩 차이가 존재한다. 미리간과 가란가스가 길고 긴 싸움의 끝에 전사했으며, 거대한 그들의 사체가 굳어져 블루 마운틴이 되었다고 전하는 이야기도 있다.

세 자매 봉Three Sisters에 얽힌 이야기도 블루 마운틴 근방에서는 유명하다. 그녀들의 안타까운 사연은 미리간과 가란가스가 승천한 후 블루 마운틴 일대에 카툼바Katoomba 부족이 자리 잡으며 시작됐다.

미리간과 가란가스가 자취를 감춘 후 여러 애버리지니 부족들이 블루 마운틴 일대에 정착하기 시작했다. 카툼바 부족은 그중 하나로 아름다운 아가씨들이 많기로 유명했다. 특히 부족장의 세 딸 메니Meehni, 윔라Wimlah, 구네두Gunnedoo는 빼어난 미모를 자랑했다. 세 자매는 종종 부락 밖으로 나가 나들이를 즐기곤 했는데, 어느 날 우연히 만난 이웃 부락의 남자들과 사랑에 빠지게 됐다. 하지만 이들의 사랑은 용납될 수 없었다. 카툼바 부족에게 타 부족과의 결혼은 금기시되었고, 세 자매의 아버지인 부족장은 이들의 사랑을 허락할 마음이 추호도 없었기 때문이었다. 세 자매를 사랑했던 남자들은 그녀들과의 결혼 승낙을 받기 위해 전쟁을 일으켰다. 세 자매의 아버지와 카툼바 부족의 사내들도 그들을 막으려 전쟁터에 나섰다.

출전을 하루 앞둔 날 밤, 부족장은 전쟁에서 이기고 돌아와 주술을 풀어주겠다는 약속을 하곤 세 자매를 바위로 둔갑시켰다. 불행히도 세 자매의 아버지는 전장에서 장렬한 최후를 맞이했고, 그의 죽음으로 세 자매에 걸린 주술은 영영 풀릴 수 없게 되었다.

오늘날까지도 세 자매는 자신들의 아름다운 옛 모습을 되찾길 기다리며, 여전히 블루 마운틴의 산자락에 서 있다. 그녀들을 둘러싼 주술의 힘이 지금까지 효력을 발휘하는지는 알 수 없다. 하지만 분명한 사실은 세 자매 봉이 계속해서 풍화와 침식을 겪고 있으며, 언젠가는 그녀들의 염원과는 무관하게 사라져 버릴지도 모른다는 것이다.

블루 마운틴의 산자락과 세 자매 봉은 에코 포인트Echo Point에 올라 감상할 수 있었다. 그들에 얽힌 옛이야기 외에도 푸르스름한 산맥과 까마득한 협곡, 노란 속살을 고스란히 드러낸 절벽은 경이로웠다. 특히 산은 이름 그대로 푸른blue빛을 뿜어냈다. 나무들은 모두 싱그러운 초록빛을 가지고 있는데도 말이다.

그에 대한 설명은 잠시 후, 에코 포인트의 한 레스토랑 주인아주머니로부터 들을 수 있었다. 그녀의 설명에 따르면, 산이 푸른 이유는 산에 심어져 있는 유칼립투스 때문이라고 한다. 유칼립투스의 수액에는 다량의 알코올 성분이 함유돼 있는데, 이는 햇빛에 증발되며 푸른 수증기를 내뿜는다. 육안으로는 수증기의 색깔을 확인하기 어렵지만, 일정 거리를 두고 산을 바라보면 푸른빛이 확인 가능하다.

주인아주머니는 홀로 식사하는 나를 위해 계속해서 말 상대가 되어 주었다. 그녀는 한국 아이들이 산을 그리는 방법에 대해서도 물었다. 초록색의 삼각형을 그린다는 내게, 호주 아이들은 파란 크레용으로 일직선 하나만을 그려 놓는단다. 파란 선의 위쪽은 하늘, 아래쪽은 산이다. 뾰족뾰족한 산세가 펼쳐진 한국과 달리 호주의 산자락은 수평으로 곧게 뻗어 있는 까닭이다.

현재는 폐광된 광산의 입구와 광부 조각상

곧이어 블루 마운틴에서 하이킹을 시작했다. 산 곳곳에서 폐광된 광산과 붉은 속살이 드러난 토양, 밑동만 남은 나무들이 발견됐다. 이것들은 모두 무분별한 개발의 흔적이다. 블루 마운틴을 아꼈던 애버리지니 사람들과 달리, 19세기 이곳을 찾은 백인들은 탄광에만 관심을 쏟았다. 그들은 산의 이곳저곳을 무분별하게 파냈고, 나무를 벌목해 이득을 챙겼다.

비슷한 상흔은 제놀란 동굴Jenolan Caves에도 남아 있었다. 제놀란 동굴은 블루 마운틴의 끝자락에 얽혀 있는 크고 작은 수십 개의 석회암 동굴들을 지칭한다. 동굴 깊숙이 흐르는 지하수에서 몸을 씻으면 어떠한 병이라도 낫는다는 드림타임과 함께, 이곳은 애버리지니 사람들에게 신성시됐다. 그들은 특별한 경우를 제외하고는 동굴의 출입을 엄격히 제한했다.

하지만 그로부터 몇 세기 후, 제놀란에 도착한 백인들의 견해는 달랐다. 동굴을 신성시하기는커녕 정복의 대상으로 여겼다. 그들은 탐험의 편의를 위해 동굴 내부에 못을 박고 전선을 연결해 전등을 달았다. 전등의 열기는 종유석과 석순, 석주 등을 녹게 만들었지만 유럽계 백인들은 이를 전혀 신경 쓰지 않았다. 그저 동굴 내부의 깊은 곳까지 누가 먼저 도달하는지에만 의의를 두었다.

20세기에 들어서야 호주 정부는 과거 자신들의 무분별한 자원 개발을 반성했다. 그들을 둘러싼 자연환경의 가치를 비로소 깨달은 것이다. 블루마운틴과 제놀란 동굴 일대는 국립 공원으로 지정되어 국가의 보호를 받기 시작했다. 물론 수 세기에 걸쳐 훼손된 산과 동굴이 단숨에 원래의 모습을 되찾기란 불가능하겠지만, 호주 정부는 더 이상의 훼손을 막으려 애쓰고 있다. 그들이 놓치고 있는 것은 쫓기다시피 이곳에 정착한 애버리지니 사람들의 처우뿐이다.

제놀란 동굴은 정해진 시간에 한정된 인원에게만 개방된다.

포트 스티븐스,
죄수들의 천국

　　　　호주의 지리 교과서에나 나올법한 지루한 이야기를 잠시 해보자. 호주의 동부 해안가, 그곳에는 시드니를 비롯한 멜버른Melbourne, 브리즈번, 애들레이드Adelaide 등의 대도시가 부메랑 모양으로 길게 늘어서 있다. 그 때문에 일대는 부메랑 코스트Boomerang Coast라 불리며, 북쪽의 브리즈번을 시작으로 남쪽의 애들레이드까지 호주 인구의 85%에 달하는 사람들이 이곳에 거주한다.

고요한 항구 도시로 남은 포트 스티븐스

그중에서도 가장 많은 사람이 사는 곳은 바로 시드니이다. 부메랑 코스트 인구 4분의 1이 이곳에 거주하며, 오페라 하우스를 보기 위해 연간 800만 명의 관광객들이 이곳을 찾는다. 하지만 기억해둘 사실은 시드니가 마냥 반짝이기만 하는 도시가 아니라는 점이다. 원래 이곳은 영국에서 건너온 죄수들의 유배지였다. 그리고 그 흔적은 시드니의 외곽에 위치한, 한때 '죄수들의 천국'이라 불렸던 포트 스티븐스Port Stephens에서 찾아졌다.

그런 친구가 있다. 내가 힘이 들 때, 그래서 무엇을 선택해야 할지 분명히 알지 못할 때에 힘이 되어주는 친구 말이다. 교환학생으로 호주에 온 내게는 룸메이트 사바Saba가 있었다. 방글라데시 출신의 그녀는 치과의사가 되기를 꿈꾸는 유학생이었다. 사바가 웃을 때면 치아에 부착된 교정기가 반짝였는데, 그녀는 먼 훗날 병원을 찾은 환자들이 자신의 치열을 보고 신뢰를 얻을 것이라며 자부했다. 어느 치과의사가 자신의 치아를 스스로 교정하겠냐마는 사바는 이를 크게 개의치 않았다.

제임스 쿡 선장에게도 그러한 친구, 필립 스티븐스Phillip Stephens가 있었다. 막역지우이던 그의 권유가 아니었다면 쿡 선장은 신대륙을 향한 항해 길에 오르지 않았을지도 모른다. 그 때문에 영국으로 돌아가는 길에 쿡 선장은 스티븐스 경을 위해 지도의 한쪽에 그의 이름을 남겼다. 포트 스티븐스, 스티븐슨을 위한 항구.

그러나 현시점에서 보건대, 친구를 위하려던 쿡 선장의 성의는 실패로 끝났다. 포트 스티븐스에는 스티븐스 경이 무색할 정도로 작은 어선 몇 척만이 오갔다. 몇몇 관광객들만이 항구 동쪽의 스톡턴 비치Stockton Beach에 가기 위해 이곳에 들릴 뿐이었다. 스톡턴 비치는 30m가 족히 넘는 높이에 60도가 넘는 경사의 모래 산으로 유명했다.

스톡턴 비치에 도착한 방문객들은 사륜구동차에 탑승했다. 일대를 감싼 모래 언덕에 발을 내디딘 순간, 신발과 옷깃 사이로 금세 모래가 들어차기 때문에 걸어서는 도무지 이곳을 횡단할 수 없었다. 사륜구동차가 아닌 일반 차량 또한 이곳을 횡단할 수 없기는 매한가지였다. 때마침 불어닥친 바람에 입 안에서도 모래가 씹히기 시작했다.

운전기사는 높다란 모래 산 앞에 차를 세웠다. 그는 이곳까지만 차량 운행이 가능하다며 플라스틱 썰매와 함께 일행들을 차 밖으로 내몰았다. 걸음을 내딛을 때마다 다리가 무릎 높이까지 빠져들었다. 모래 산의 절반쯤 올랐을 때에는 최대한 몸을 굽혀 무게중심이 뒤로 쏠리지 않도록 해야 했다.

힘겹게 오른 산의 정상, 방금까지 나를 허덕이게 만들었던 모래 산과 언덕이 시야를 가득 메웠다. 금빛 모래 언덕들 사이로 바람에 따라 결이 만들어졌다. 그 사이로는 디즈니 애니메이션 〈알라딘〉 속 신비의 동굴이 당장이라도 솟아날 듯했다. 모든 광경의 뒤편으로는 스톡턴 비치의 우윳빛 바닷물이 감흥을 돋웠다.

이제 남은 일은 모래 산을 다시 내려가는 것뿐이었다. 썰매에 몸을 맡긴 채 모래 산을 내려가는 사람들에게서 흥거움과 공포의 경계를 오가는 비명이 터져 나왔다. 그 높이와 기울기를 생각할 때 충분히 납득되는 반응이었다. 온몸이 모래에 뒤덮인 채 산을 걸어 내려가기보다는 찰나의 공포를 견디는 편이 나을 거란 생각에 나 역시 썰매에 몸을 실었다. 머지않아 앞선 이들과 유사한 비명소리가 스톡턴 비치에 울려 퍼졌다.

스톡턴 비치의 모래 언덕에서 썰매를 탄 후, 사륜구동차의 운전기사는 승객들을 넬슨 베이Nelson Bay에 내려주었다. 이곳에서 돌고래 관광 크루저를 타는 것까지가 관광객들에게 으레 권해지는 순서라고 했다. 그는 간혹 운이 나빠 돌고래 떼를 발견하지 못하는 경우가 있다며, 무료함을 달랠 생각할 거리를 던져주었다.

▲ 스톡턴 비치는 인근 해변보다도 모래 언덕으로 유명하다.
▼ 야생 돌고래를 볼 수 있기로 유명한 넬슨 베이

여기 경미한 생계형 범죄를 저질러 감옥에 수감된 이가 있다. 그는 하루의 절반 이상을 노역에 시달렸고, 이는 그의 죗값에 비해 과중한 형벌이었다. 결국 그는 목숨을 걸고 탈옥을 시도했고, 스톡턴 비치의 모래 언덕을 넘어 포트 스티븐스 부근에 정착했다. 만약 당신이 그와 만나게 됐다면, 어떠한 행동을 취할 것인가? 그의 탈옥 사실을 경찰에 알리겠는가? 아니면 그의 사정을 참작해 모르는 척하겠는가?

1795년 시드니를 방문한 영국 탐험가 윌리엄 브로턴William Broughton은 전자를 택했다. 당시 그는 뉴 사우스 웨일스 주 정부의 명을 받아 새로운 정착지를 찾으러 시드니 북부 해안선을 거슬러 올라가던 중이었다. 브로턴은 가급적 많은 곳을 탐험하길 원했고, 쿡 선장 이후 누구도 관심을 갖지 않던 포트 스티븐스도 예외가 될 수는 없었다. 그리고 그곳에서 브로턴은 애버리지니 사람들과 어울려 살던 5명의 백인들을 발견했다.

그들은 부족 내에서 상당한 지위를 누리고 있었고 애버리지니 여자와 가정도 꾸린 채였다. 처음에 브로턴은 그들이 선교사나 탐험가 혹은 인류학자일 것으로 생각했다. 그래서 그는 며칠을 그들과 함께 보내며 인근을 함께 탐험하길 원했다. 하지만 시간이 지날수록 브로턴은 무언가 석연치 않음을 깨달았다. 그들은 대화를 나누면 나눌수록 횡설수설했고, 어딘지 모르게 불안해 보였다.

끝내 그들의 정체가 밝혀졌다. 시드니 인근 패러매타Parramatta 감옥의 탈옥범들이었다. 브로턴은 그들을 곧장 시드니로 연행했으며, 이 사건은 시드니를 뒤흔들기에 충분했다. 죄수들 사이에 공공연히 떠돌던 '죄수들의 천국'이 실재한다는 것에 대한, 감옥 경비가 생각보다 허술한 것에 대한 충격이었다. 주 정부 관계자들은 격분했다. 그들은 곧장 패러매타 감옥에서 포트 스티븐스를 향하는 길목에 요새를 쌓았다.

5명의 탈옥범들이 어떤 처벌을 받았는지는 전해지지 않는다. 그러나 그들로 인해 포트 스티븐스가 현재의 모습에 이르렀음은 부인할 수 없다.

요새가 세워지며 군인과 그들의 가족들이 근처에 마을을 형성한 까닭이다. 결과만 따지면 브로턴의 고변은 나쁜 일만은 아니었다. 하지만 글쎄다, 나는 그의 결정이 옳은 것이었는지 확신이 서지 않았다.

생각에 생각이 꼬리를 물었다. 크루저의 선장은 "파도가 심해 돌고래 떼가 모습을 드러내지 않고 있습니다"라는 안내 방송만을 반복했다. 탑승객들은 술렁였고, 돌고래 떼를 보려 넬슨 베이까지 들린 그들의 노력이 헛수고가 될까 걱정했다. 정처 없이 주변을 헤매길 몇 분째, 선장은 결국 배를 돌릴 것을 결심했다. 육지로 회항하겠다는 그의 방송에 승객들은 실망한 기색이 역력했다. 혹시 모를 가능성에 실낱같은 기대감을 버리지 못하고 모두들 바다만 쳐다볼 때였다.

그런 우리의 바람을 읽은 것일까? 문득 배의 선미로부터 함성이 터져 나왔다. 한 무리의 돌고래 떼가 등지느러미를 보였다 사라지길 반복하고 있었다. 몇몇 돌고래는 크루저의 근처로까지 헤엄쳐왔고, 가까이에 선 승객들은 그들의 분기공마저 볼 수 있었다. 동물원이나 수족관에서는 볼 수 없던 활기가 그들을 더욱 사랑스럽게 했다.

two

호주 남단의 섬
태즈메이니아

릴리풋 왕국을
기억하나요?

　　　　　반 디멘의 땅Van Diemen's Land. 다소 생소하게 느껴지는
이 이름은 조너선 스위프트의 소설《걸리버 여행기》를 읽어본 독자라면,
누구나 한 번쯤은 들어봤음 직한 것이다. 반 디멘의 땅은 소설 속에서 소
인들의 나라 릴리풋 왕국이 위치한 곳으로 묘사된다. 물론《걸리버 여행
기》는 작가의 상상력에 근거한 이야기로 릴리풋 왕국은 실존하지 않는다.
하지만 그 때문에 반 디멘의 땅에 대해서까지는 의심하지 않길 바란다. 그
곳은 소인이 존재하지 않을 뿐, 태즈메이니아Tasmania라는 이름으로 엄연히
지구 상에 실재한다.

　　태즈메이니아의 도시 호바트Hobart로 향하는 발걸음은 다른 어느 때보

중후한 멋이 남아 있는 호바트 시내

다도 설렜다. 호주를 찾는 여행객들 중에서도 소수만이 찾는 이곳에 평소보다 몇 배의 기대감이 생기는 것은 당연했다. 하지만 들뜬 마음이 초조함으로 변질되기까지는 그리 오랜 시간이 걸리지 않았다. 호바트 공항에 도착한 지 1시간이 넘도록 버스가 오지 않아 꼼짝없이 공항에 발이 묶여 있어야 했던 것이다. 같은 비행기에서 내린 승객들은 마중 나온 가족들과 함께 이미 공항을 떠난 뒤였다. 하염없는 기다림과 침묵 끝에 옆 벤치의 호주인 아주머니가 말을 걸어왔다. 괜찮다면 호바트 시내까지 택시 요금을 나누어 동승하지 않겠냐는 것. 나로서는 이를 거절할 이유가 없었다.

시내로 향하는 택시 안에서 브리즈번Brisbane의 한 대학교에 재학 중이라고 내 소개를 했다. 아주머니는 이에 유독 반색을 표했다. 그녀는 브리즈번으로 유학 보낸 아들을 방문한 후 귀가하는 길이라며 자연스레 학교의 이름을 물어왔다. 그와 나는 전공만 다를 뿐 같은 학교에 재학 중이었다.

브리즈번발 비행기가 도착한 직후 그녀를 만났으니 일련의 상황은 다소 필연적이었다. 그녀의 아들과 학교가 같다는 사실은 다소 우연이 뒤따른 결과였지만 말이다. 그래서였을까? 호바트 시내에 도착한 후 아주머니는 처음에 말한 바와 달리 택시 요금 전액을 본인이 지불하셨다. 아들의 이름을 여러 차례 일러주며 그를 만나게 된다면 친하게 지내보란 말과 함께였다.

낯선 곳에서 마주한 호의는 혼자 하는 여행의 충분한 동력이 됐다. 이에 힘입어 저렴한 여행자 숙소인 백팩커스Backpackers에 짐을 풀고, 곧장 시내 중심에 위치한 엘리자베스 스트리트Elizabeth Street로 갔다. 이곳은 앞서 '호주의 아버지'로 소개된 라클란 맥쿼리Lachlan Macquarie 총독의 아내인 엘리자베스 맥쿼리Elizabeth Macquarie 부인에게 헌정된 곳이다. 그녀는 약한 몸에도 불구하고 남편을 따라 호주로 건너와 내조에 힘썼다.

하지만 서둘러 향한 엘리자베스 스트리트는 맥쿼리 총독의 업적과는 달리 지나칠 정도로 고요하며 한산했다. 그다지 늦은 시간이 아니었는데도 대다수의 가게들은 문을 닫은 채였다. 열려 있는 몇몇 가게들은 손님 맞을 준비조차 되어 있지 않았다. 이 거리가 호바트에서 가장 번화한 장소라는 평가는 무엇에 기인한 것일까? 한산한 거리 덕분에 버스킹을 하던 아저씨의 연주는 오롯이 날 위한 것이 되었지만, 이를 마냥 즐기기엔 마음 한구석이 편치 않았다.

엘리자베스 스트리트에서 버스킹하던 아저씨

도시의 한적함이 어색한 나와 달리 호바트 사람들은 이를 크게 개의치 않는 눈치였다. 사실 그들에게는 이러한 상황이 처음이 아니었다. 태즈메이니아 섬은 1642년 아벌 타스만Abel Tasman에 의해 발견된 이래, 두 세기 동안 모두로부터 잊힌 전적이 있으니 말이다. 만일 19세기에 프랑스가 이곳에 관심을 쏟지 않았더라면, 섬은 이후로도 오랫동안 사람들에게 기억되지 못했을 것이다. 당시 프랑스는 남극 탐험을 빌미로 태즈메이니아 섬으로의 진출을 시도했다. 섬은 지리적으로 남극과 가까웠기 때문에 남극 탐험 기지를 세우기에 최적의 입지 조건이었다. 물론 이는 허울 좋은 명분으로 호주 본토에 진출한 영국을 견제하려는 계산속이었지만 말이다.

해당 소식을 접한 영국 정부는 곧장 자국의 죄수들을 태즈메이니아 섬으로 이송했다. 죄수 24명과 몇 명의 교도관이 배에 타고 섬으로 갔다. 그로부터 두 달 후, 70명가량의 하층민과 죄수들이 추가적으로 태즈메이니아로 향했다. 그들은 섬 정착에 성공했고, 반 디멘의 땅이라는, 타스만이 그의 후원자 안토니 반 디멘Anthony Van Diemen에게 헌정한 이름이 촌스럽다며 불평할 정도로 여유를 찾았다. 섬이 현재 태즈메이니아, 즉 아벌 타스만의 이름을 딴 지명으로 불리는 것은 그 때문이다.

이후 태즈메이니아 섬은 항구 도시 호바트를 앞세워 유럽 국가들과의 교역을 선도했다. 그 영광은 비록 시드니Sydney와 멜버른Melbourne에 밀려 두 세기도 채 유지되지 못했지만 말이다. 한때나마 찬란했던 호바트의 과거는 살라망카 플레이스Salamanca Place*에만 약간의 흔적이 남아 있었다.

* 살라망카 플레이스의 뒷길은 배터리 포인트(Battery Point)로 이어지는데, 호바트에 최초로 정착했던 옛 유럽인들의 가옥을 찾아볼 수 있다.

살라망카 플레이스에는
옛 호바트의 영광이 그대로 남아 있다.

살라망카 플레이스에는 과거 물류창고로 사용되던 건물들이 레스토랑과 고급 술집, 부티크로 개조되어 있었다. 어른들은 노상 테이블에 앉아 식사와 와인을 즐겼고, 아이들은 신이 나서 광장을 뛰놀았다. 그들 사이에 앉아 피쉬 앤 칩스fish & chips와 맥주 한 잔을 주문했다. 갑작스러운 소나기가 내리기 전까지 이곳은 마냥 활기차며 흥겨웠다.

코알라,
왕따 당하다

하늘은 맑았다. 호바트 외곽에 있는 보노롱 야생동물 공원Bonorong Wild Park을 향하기에 이보다 제격인 날씨는 없었다. 버스는 오늘도 적잖이 애를 태운 후에야 도착했지만 호바트는 원래 그런 도시였다. 매표원 아주머니의 무뚝뚝한 인사도, 공원에서 아이들의 시끌벅적한 웃음소리를 찾아볼 수 없는 것도 이곳이 호바트이기에 납득이 가능했다.

공원에서 마주한 첫 번째 동물은 사진으로는 익히 보았지만 실물을 접한 것은 처음인 코알라였다. 그들은 유칼립투스에 고개를 파묻고 숙면을 취하는 중이었다. 코알라조차 호바트다운 걸까? 때마침 옆을 지나가던 사육사 아저씨는 코알라를 깨워 안아 들었다. 그리고 녀석의 등을 토닥이는 것을 허락해주었다. 코알라의 생리에 대한 설명도 뒤를 이었다. 코알

▲ 보노롱 야생동물 공원의 사육사 아저씨
▶ 코알라가 깨어 있는 시간은 일일 4시간에 불과하다.

라는 알코올이 주성분인 유칼립투스의 잎을 주식으로 삼는다. 이런 이유로 그들은 술에 취해 하루 20시간 이상을 잠만 자며 보낸다는 것이다.

흥미를 표하는 내게 사육사는 또 다른 이야기를 시작했다. 인간의 품에 안겨 물이 담긴 젖병을 빠는 코알라를 본 적 있냐는 것. 일부 관광객들은 이 모성애를 자극하는 장면에 열광하지만 이들은 도리어 걱정이 필요한 대상이다. 건강한 코알라는 유칼립투스 수액만으로도 충분한 수분 섭취가 가능하기에 어지간해서는 물을 마시지 않는다.

코알라 우리 옆으로는 태즈메이니아데빌Tasmanian Devil이 살고 있었다. 태즈메이니아데빌의 외양은 어린 반달곰과 닮았고, 습성은 하이에나의 것과 비슷했다. 태즈메이니아데빌은 동물의 사체를 주식으로 하는데, 후각이 발달한 덕분에 수십 미터 밖에서도 사체가 부패하는 냄새를 맡고 먹이를 찾아온다.

사육사는 이를 증명해 보이겠다며 살이 거의 붙어있지 않은 닭 뼈를 태즈메이니아데빌의 집 근처에서 흔들었다. 길을 가던 다른 관광객들조차 멈춰서 녀석들의 등장을 기다렸다. 몇 분의 시간이 흘렀다. 사육사는 다양한 방법으로 속도와 방향을 바꿔가며 닭 뼈를 흔들었지만, 태즈메이니아데빌은 좀처럼 모습을 드러내지 않았다. 그는 다양한 동물 울음소리까지 흉내 냈지만, 이 또한 별다른 도움은 되지 않았다.

"태즈메이니아데빌이 잠을 자나 봐요, 하하하."

사육사의 어색한 웃음만이 근방을 메웠다. 일부 사람들은 자리를 떴고, 남은 이들은 태즈메이니아데빌이 진짜 있는지 의문을 표했다. 이후 몇 사람이 더 자리를 뜨려던 찰나에 태즈메이니아데빌이 모습을 드러냈다. 나무 기둥 사이에 숨어 고개를 빠끔히 내밀고, 조심스레 주변을 살피는 모습은 마치 짓궂은 장난을 치기 직전의 악마devil와 같았다. 잠시 후 태즈메이니아데빌은 사육사의 손에 들린 닭 뼈를 낚아채 다시금 근처의 나무통 속으로 모습을 감췄다. 먹이를 쟁취한 의기양양함을 숨기지 않은 채였다.

▲ 태즈메이니아데빌. 반달곰의 외양에 하이에나의
  습성을 갖고 있다.
▼ 유유자적함을 즐기는 보노롱의 캥거루

근처 들판에는 캥거루 떼가 뛰어놀았다. 그들은 껑충거리거나 양지바른 곳에 누워 배를 긁었다. 간혹 무료함을 견디다 못해 서로를 향해 주먹질을 하는 녀석들도 있었다. 이곳은 캥거루들에게 지상낙원이나 다름없었다. 누구도 그들을 위협하지 않았으며, 관광객들은 수시로 먹이를 건넸다.

문득 새끼 캥거루들에게 더는 어미의 주머니가 필요하지 않으리란 생각이 들었다. 호주에 유독 코알라, 캥거루 등 유대류有袋類가 발달한 이유는 명백하다. 붉디붉은 호주의 황무지에서 어리고 여린 생명체는 살아남을 수 없기 때문이다. 오죽하면 호주에서는 호랑이*조차 새끼를 어미의 배속에서 키웠을까. 하지만 보노롱의 동물들에게 이는 옛말이 된 지 오래였다.

들판의 건너에는 에뮤Emu 우리가 있었다. 에뮤는 타조를 닮았으나 그보다 훨씬 볼품없게 생겼다. 그럼에도 캥거루와 함께 호주를 상징하는 동물로서 국장國章에도 새겨져 있다. 캥거루와 코알라가 아닌 캥거루와 에뮤의 조합이라니 다소 의아하지 않은가? 심지어 에뮤의 험상궂은 인상은 느긋하며 온화한 성품의 호주 사람들과도 어울리지 않았다.

에뮤는 캥거루와 함께 호주를 상징한다.

이번에도 나의 궁금증을 해결해준 사람은 코알라 우리 앞에서 만난 사육사 아저씨였다. 그는 눈앞의 동양인 소녀에게 자국에 대한 올바른 지식을 전하겠다는 사명감으로 이야기를 시작했다.

"사실 캥거루와 에뮤보다 캥거루와 코알라의 조합이 호주에 좀 더 어울리긴 하죠. 하지만 호주의 정치인들은 자국민이 코알라를 닮게 될 것을 우려했어요. 온 국민이 알코올에 취해 종일 잠만 잔다고 생각해보세요. 반면 에뮤는 호주의 토착 동물이면서 코알라와 달리 잽싼 몸놀림을 지녔죠. 또한 캥거루와 에뮤는 뒤로 걷지 못하는 유일한 동물로 '진보하는 호주 Advance Australia'란 국가 정체성에도 어울렸어요."

사육사가 오프 더 레코드라며 덧붙인 이야기에 따르면 대부분의 동물들은 사실상 후진을 하지 않는단다. 따라서 에뮤가 호주의 대표 동물이 된 근거는 타당성이 다소 부족하다는 것이다. 하지만 꿈보다는 해몽이란 말이 있지 않은가. 호주 국민은 캥거루와 에뮤의 조합에 그런대로 만족했다. 졸지에 술주정뱅이 취급을 받은 코알라를 제외하면 말이다.

보노롱에서 마지막으로 만난 동물은 웜뱃Wombat이었다. 웜뱃은 '신은 웜뱃에게 짤막한 네 다리를 준 대신 탄탄한 엉덩이를 선사했다'는 우스갯소리로 사람들에게 소개되곤 한다. 포식자의 공격 앞에 잽싸게 도망치는 대신 몸을 잔뜩 웅크려 엉덩이를 내보이는 녀석들의 생존 전략을 비웃는 말이다. 하지만 웜뱃의 생존 전략은 나름의 실효성을 지닌다. 그들의 엉덩이는 실제로 웬만한 동물들은 씹을 수 없을 만큼 딱딱하니 말이다.

다행히도 보노롱의 새끼 웜뱃에게는 천적에게 엉덩이를 드러낼 일이 없어 보였다. 그는 단지 정해진 시간마다 우유를 받아먹으며, 만족스러운 표정을 지어 보이면 되었다. 사육사는 애정을 담아 그를 돌봤고, 웜뱃은 그녀의 품에서 충분히 편안해 보였다. 우유를 다 먹은 녀석은 포만감을 내보이려 부르르 몸을 털었다. 그와 동시에 웜뱃을 둘러싸고 있던 사람들은 일제히 재채기를 쏟아냈다.

보노롱 야생동물 공원을 둘러보자니 다른 대륙이나 국가에서 살지 않는 동물 종이 호주에 서식함은 자명해 보였다. 이는 오세아니아 대륙이 처한 지리적 고립 때문이다. 육로로 교류가 가능했던 다른 대륙들과 달리 호주에 갈 수 있는 방법은 오로지 해로뿐이었다. 즉 사람의 힘을 빌리지 않고는 타 대륙의 동물들이 호주로 이동할 수 없었다. 호주의 동물들은 철저히 고립된 환경 속에서 그만의 독자적인 발전을 이뤄냈다.

그러나 이민선을 통해 유럽 각국의 동물들이 유입되면서 호주 동물들은 급격한 종의 소멸과 개체 수의 감소를 겪었다. 이송된 동물들은 기존의 호주 생태계를 파괴했고, 백인들의 무분별한 자원 개발은 여기에 박차를 가했다.

결국 호주 정부는 일련의 상황을 보다 못해, 1991년 '환경보호와 생물다양성보존법 Environment Protection and Biodiversity Conservation Act, 1999'을 제정했다. 하지만 해당 법령의 실제적 효과는 아직 미지수로 남아 있다. 그러니 의문을 던져본다. 캥거루와 에뮤를 위시한, '진보하는 호주'는 누굴 위한 나라인가?

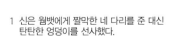
1 신은 웜뱃에게 짤막한 네 다리를 준 대신 탄탄한 엉덩이를 선사했다.
2 사육사의 품에 안긴 아기 웜뱃

호주판
《레 미제라블》

시드니와 호바트를 뒤이어 오세아니아 대륙 곳곳에 도시가 들어섰다. 대다수 도시들은 유배지를 그 시작으로 했기 때문에 죄수들은 호주 땅에 도착하자마자 자신이 수감될 감옥을 지어야 했다. 스스로가 투옥될 감옥을 짓는 다소 아이러니한 상황 속에서도 시간은 흘렀다. 일부 수감자들은 수감 기간이 만기가 되어 출소했고, 그들에게는 영국으로 돌아갈 수 있는 자유가 주어졌다. 물론 영국행 배편은 제공되지 않았다. 영국으로 가는 편도 뱃값은 집 한 채 가격에 달했기 때문에 출소자들의 귀향은 사실상 불가능했다. 그들에게는 자유를 가장한 유배 생활만이 남았다.

문제는 출소 후 녹록지 않은 생활에 있었다. 출소한 이들은 자유민들의 곱지 않은 시선을 견뎌야 했고, 생계를 유지할 방도도 찾지 못했다. 결국 그들 중 상당수는 다시금 생계형 범죄를 저질러 감옥에 투옥됐다. 재범률은 높아져 갔지만 호주 정부는 냉랭한 태도를 유지했다. 정부 관계자들은 출소 후 생활에 대한 지원책을 마련하지 않은 채 재범의 원인을 출소자 개인의 문제로 돌렸다. 또한 재범자들을 탈옥을 시도하거나 감옥 내 반란을 주도한 이들과 동일하게 취급하며 사회악으로 간주했다.

정부 관계자들은 심지어 '그들'만을 수감할 감옥을 짓자며 공모했다. 태즈메이니아 섬 남동쪽의 태즈먼 반도Tasman Peninsula는 이를 위한 최적지였다. 반도에는 이미 목재 공장이 들어서 있었지만, 까짓것 공장의 문을 닫아도 크게 문제가 될 것은 없어 보였다. 감옥을 짓는 과정은 순차적으로 진행됐다. 각 도시에 수감돼 있던 재범자들은 태즈먼 반도로 이송됐고, 그들은 쇠고랑을 찬 채 다시금 본인들이 투옥될 감옥을 지었다. 이는 1833

포트 아서 감옥의 전경

포트 아서의 정중앙에 위치한 구휼(救恤) 교도소 감옥

년의 일로, 훗날 호주 역사상 가장 악명 높은 포트 아서 Port Arthur 감옥이 시작되는 순간이었다.

포트 아서는 호바트 시내로부터 차로 2시간 거리에 위치했다. 오늘따라 하늘은 청명했으며, 산과 들에는 막 솟아난 신록이 푸르름을 뽐냈다. 발에 쇠고랑을 찬 채 이를 바라보는 수감자들의 심정은 어떠했을까?

빅토르 위고의 소설《레 미제라블》은 그런 그들의 처지를 이해하는 데 조금이나마 도움이 된다. 장 발장은 굶고 있는 조카들을 위해 어쩔 수 없이 빵 한 덩어리를 훔치다 붙잡힌다. 19년의 수감 생활을 끝내고 출소한 그를 사람들은 전과자란 이유 하나만으로 외면한다. 하지만 장 발장은 우연히 들른 성당 신부의 온정으로 새 삶을 시작할 기회를 얻게 되고, 후일 시장으로 선출될 정도로 사람들의 존경을 받는다. 만일 호주의 출소자들도 장 발장과 같은 온정을 받았더라면, 그들 또한 여느 자유민 못지않게 평범한 삶을 살지 않았을까?

포트 아서 감옥 곳곳을 짚은 빨간 머리 가이드의 안내에 따라 둘러보았다. 그녀는 자신의 할아버지의 할아버지가 이곳에 간수장으로 있었다며 능숙하게 주변을 안내했다. 그리고 마을 정중앙에 위치한 구舊 교도소 감옥 앞에서는, 특별히 좋아하는 건물이라며 설명을 장황히 늘어놓았다. 포트 아서 감옥은 한때 1646칸의 감방을 보유했는데 이곳은 그중 616칸의 감방이 자리한 곳이었단다. 아무래도 그녀가 이곳을 좋아한다고 말한 배경에는 그녀의 조상이 갇히는 입장이 아닌 가두는 입장이었다는 확신이 깔려 있는 듯했다.

포트 아서에서 특별히 주목할 곳은 마을 중앙에 위치한 개인 감방Separate Prison과 침묵의 방Silent System이다. 포트 아서의 간수들은 단순히 채찍질을 가하거나 강도 높은 노역에 동원하는 것만으로는 죄수들을 교화할 수 없다고 믿었다. 이곳의 수감자들은 여타 죄수들과 달리 이미 한 차례 수감

생활을 경험했음에도 재범을 저지른 이들이 아닌가! 이에 간수들은 육체적 체벌과 정신적 체벌을 함께 가하는 방법을 고안해냈다. 가장 기초적인 방법은 음식을 통한 것으로 모범수에게는 빵과 차, 설탕 등이 지급됐지만, 반대의 경우 목숨을 부지할 정도의 극소량의 식량만이 제공됐다. 차등을 둔 식사와는 별개로 부여되는 노동량은 같았기에 후자의 경우 수감 생활을 견디기란 쉽지 않았다.

식사량을 줄여도 반성의 기미가 보이지 않는 죄수들은 개인 감방으로 보내졌다. 그들은 좁은 방에 홀로 갇혀 먹고 자며, 끊임없이 수공업을 해야 했다. 간수들은 그들을 없는 사람 취급했으며 독방 수감자는

1 교회처럼 생긴 이곳에 개인 감방과 침묵의 방은 존재했다.
2 개인 감방이 늘어선 복도
3 개인 감방의 내부. 죄수들은 홀로 먹고 자며, 수공업에 종사했다.

다른 수감자들과도 만날 수 없었다. 그들에게는 하루 1시간씩 의무적인 운동만이 허락됐다. 개인 감방의 수감자들은 심각한 고립감과 끝없는 정신적 압박에 시달렸다.

개인 감방만으로도 처벌이 부족하다 느껴질 경우 수감자들은 침묵의 방에 보내졌다. 그곳에서 수감자들의 얼굴은 온종일 덮개로 가려졌으며 혼잣말을 하는 것조차 허용되지 않았다. 간수들은 수감자들이 침묵을 통해 자신의 범죄를 반성할 것이라 믿었다. 실상은 빛과 소리의 결핍으로 인한 정신질환자의 속출이었지만 말이다. 침묵의 방의 옆으로 정신병동이 위치한 것은 결코 우연이 아니었다.

혹자는 개인 감방이나 침묵의 방에 갇히는 것이 좁은 공간에서 여럿이 함께 지내거나 노역에 종사하는 것보다 나으리라 생각할지도 모른다. 하지만 생각해보자. 고립된 생활이 하루, 이틀을 지나 한 달이 넘도록 지속된다면 어떨까?

태즈먼 반도는 태즈메이니아 본토와 30m 폭의 길 하나로만 연결된다. 그 길은 군인과 반쯤 굶주린 개들에 의해 지켜졌으며, 주변 바다에는 상어 떼가 득실거렸다. 간혹 식자재 공급을 위해 오가는 배가 있었지만, 이 또한 군인들의 감시하에 놓여 있었기에 탈옥을 시도하기란 불가능했다. 그래서 일부 심리학자들은 정신적 체벌 못지않게 탈옥이 불가능한 주변 상황이 죄수들을 더욱 심적으로 압박했으리라 말한다.

그럼에도 탈옥을 시도하는 이들은 있었다. 조지 빌리 헌트George Billy Hunt 라는 기발한 사내는 캥거루 가죽을 뒤집어쓰고 탈옥을 시도했다. 캥거루 처럼 뛰며 30m 폭의 육로를 건널 작정이었다. 헌트의 캥거루 흉내는 완벽했다. 하지만 그 때문에 그는 배고팠던 경비원들의 총에 맞았다. 두터운 가죽 덕분에 생명에 지장은 없었지만, 헌트는 150대의 채찍질을 당한 후 다시 포트 아서에 수감됐다.

그런 점에서 마틴 캐시Martin Cash는 무척이나 운이 좋은 사내였다. 그는

식자재 운반용 배에 숨어들었고, 그날따라 군인들의 감시는 소홀했다. 캐시는 무사히 태즈먼 반도를 탈출했다. 몇 년 후, 그는 포트 아서 감옥에서의 탈출기를 소설로 출간했다. 호주 전역이 악명 높은 감옥에서 탈출한 사나이의 이야기에 열광했다. 간수들은 늦게나마 그의 행방을 알고 재수감하려 했으나 캐시를 향한 독자들의 환호는 그것을 저지했다. 독자들이 보기에 그의 죄목은 충분히 경미했다. 캐시는 살인이나 강간을 저지른 것도 아니었고, 단지 생계를 위해 좀도둑질을 했을 뿐이었다.

1877년 포트 아서 감옥은 문을 닫았다. 일대는 카나본Carnarvon이라 불리며, 사냥을 하거나 보트를 타며 낚시를 즐길 수 있는 관광지로 꾸며졌다. 정부 관료들은 태즈먼 반도의 이미지를 포트 아서의 악명과 구별하려 애썼다. 하지만 카나본을 찾은 사람들은 아이러니하게도 포트 아서의 악명에 매료됐다. 간수와 출소자들이 감옥 인근에 레스토랑이나 술집 등을 운영하면서 손님들에게 포트 아서의 악명을 전설마냥 늘어놓았던 까닭이다. 이후 마을은 억울하게 죽은 수감자들이 유령이 되어 떠돈다는 소문으로 더욱 유명세를 탔다.

일련의 상황을 지켜보던 태즈메이니아 주 정부는 1927년 카나본의 지명을 다시금 포트 아서로 바꾸었다. 그들은 서둘러 감옥을 복원하기 시작했고, 터만 남은 건물들을 원형 그대로 재건해 관광 상품으로 내세웠다. 하지만 그 가운데 수감자들의 잃어버린 권리를 찾아줄 생각은 누구도 하지 않았다.

레 미제라블Les Miserables, '비참한 사람들'이란 뜻 그대로 포트 아서에 수감됐던 이들의 삶은 시종일관 비참했다. 앞서 마틴 캐시의 죗값은 그를 향한 독자들의 환호로 대체됐다. 하지만 포트 아서의 수감자 대다수는 그저 역사로부터 잊혀졌다. 그들은 언제쯤 누구로부터 면죄부를 받을 수 있을까?

◀ 포트 아서의 심판대

태즈메이니아의
색깔은 다양하다

호바트를 시작으로 론서스턴 Launceston을 향하는 날, 집합 장소에는 태즈메이니아 섬* 의 남쪽에서 북쪽까지 2박 3일을 함께 여행할 이들이 모여들었다. 서로 다른 국적과 연령대의 사람들이 모인 가운데 앞으로의 여정이 어떤 여행이 될지 전혀 예상되지 않았다. 어색한 침묵과 간간이 건네지는 인사말의 사이로 승합차 한 대가 멈춰 섰다. 차에서 내린 이는 훤칠한 키에 호남형의 청년으로 이름은 루카스 Lucas라고 했다. 그는 호바트 소재의 대학교에 재학 중이며, 방학 때면 아르바이트로

* 태즈메이니아 섬을 둘러보는 최선의 방법은 현지 투어 프로그램에 참여하는 것이다. 짧게는 4일, 길게는 14일에 걸쳐 섬을 일주할 수 있다.

가이드 루카스. 실물보다 못하다며, 그는 이 사진을 좋아하지 않았다.

가이드 일을 한다고 스스로를 소개했다. 그는 모여든 이들이 론서스턴을 향하는지 확인한 후 차의 문을 열어주었다.

루카스의 시원시원한 운전 실력 덕분에 우리는 금세 프레이시넷 국립 공원Freycinet National Park에 도착했다. 일행들은 각각 아모스 산Mount Amos의 정상과 와인글라스 베이Wineglass Bay를 목적지로 하는 두 산책로 중 한 코스를 골라야 했다. 루카스는 둘 중 후자가 보다 걷기 편하리란 설명을 덧붙였고, 사람들은 자연스레 와인글라스 베이 산책로를 향해 걷기 시작했다. 나 또한 그러했다. 2박 3일 일정의 첫날부터 무리할 생각은 전혀 없었다.

걷는 속도에 따라 사람들은 하나의 열을 지었다. 머지않아 열은 점차 길게 늘어졌고, 앞뒤의 몇 사람을 제외하곤 다른 이들을 볼 수 없었다. 내 앞으로는 체코인 아저씨가 뒤로는 그리스인 할아버지가 자리를 잡고 걸었다. 그리고 누구의 걸음이 빨라졌는지 혹은 느려졌는지는 알 수 없지만, 체코인 아저씨와는 금세 일직선 상에서 걷게 되었다.

아저씨는 체코의 한 대학교 교수셨다. 그는 지질학을 전공하며 암석 연구를 전문으로 하는데, 태즈메이니아 섬을 방문한 목적도 이를 위해서였다. 그는 프레이시넷 국립 공원에서는 분홍색 돌 해저드Hazard를, 다음날 방문할 베이 오브 파이어스Bay of Fires에서는 주황빛 화강암을 보려는 계획을 가지고 있었다. 그는 현무암을 연구하려 제주도의 한라산을 등반한 적도 있다며, 한국에서 왔다는 내게 유독 반색을 표했다.

체코인 아저씨와 본격적으로 제주도의 아름다움을 논하려던 찰나 그리스인 할아버지가 우리의 발걸음을 따라잡았다. 이야기의 흐름은 자연스레 그를 향했다. 할아버지는 딸이 이곳으로 효도 관광을 보내주었다며 딸에 대한 자랑을 늘어놓으셨다. 그리스의 아름다움에 대한 예찬도 그 뒤로 덧붙었다.

한국과 체코, 그리스를 넘나드는 이야기 속에 우리는 곧 산책로 중간에 위치한 전망대에 도착했다. 전망대에서는 와인글라스 베이의 경관을 미리 볼 수 있었는데, 저만치 보이는 에메랄드빛 바닷물이 우리를 향해 손짓하는 듯했다. 아름다운 경관을 배경으로 우리는 기념사진을 촬영했다. 각자의 독사진을 먼저 찍고, 2명씩 짝을 지어 재촬영을 했다. 마지막으로는 주변의 다른 여행객에게 부탁해 3명의 모습을 한 컷에 담았다. 곧이어 그리스인 할아버지가 챙겨온 커피와 비스킷을 나누며 우리의 분위기는 더욱 화기애애해졌다.

와인글라스 베이에 도착하기까지 절반의 길이 남은 시점에서 우리는 각자 프레이시넷을 즐기기로 결정했다. 체코인 아저씨는 돌들에 좀 더 집중하기를 원했으며, 그리스인 할아버지는 여기까지가 최선이라며 와인글라스 베이까지 걷길 주저한 까닭이었다. 셋이 함께 걷던 길에 혼자 남으니 갑작스레 허전해졌지만, 혼자가 되니 대화에 집중하느라 놓쳤던 주변 경관이 비로소 눈에 들어왔다. 체코인 아저씨의 설명대로 주변 돌들은 분홍빛을 발했고, 나무들의 사이로 언뜻 보이는 에메랄드빛 바다와 기막힌 조화를 이뤘다.

어느덧 도착한 와인글라스 베이, 청록빛 바다와 백사장이 그곳에 존재했다. 와인글라스 베이는 아모스 산에 둘러싸여 있었는데, 마치 산이 와인잔wineglass이 되길 자처해 모든 것을 담아낸 모양새였다. 청록빛 와인은 빛과 각도에 따라 다양한 색을 내비치며 신비감을 더했다. 그 모습을 보고 있자니 와인글라스 베이에 잠시나마 발을 담가보려 했던 것이 주저됐다. 유리잔 같은 아름다움이 내가 발을 담그는 순간 와장창 깨질 것만 같았다.

프레이시넷의 산책로를 걷고 난 후, 차 안의 분위기는 한결 편안해졌다. 와인글라스 베이 산책로를 함께 걸으며 말문을 튼 사람들은 차에 올라서도 자연스레 대화를 이어갔다. 점심을 먹으려 들린 헬렌스St. Helens 마을에서도 일행들은 두셋씩 뭉쳐 마음에 드는 음식점으로 향했다. 그중 루카스가 극찬한 피쉬 앤 칩스 가게로는 홍콩인 조앤Joanne과 캐나다인 매튜Matthew, 나이를 이유로 동행을 망설이던 캐나다인 아주머니가 함께했다.

▲ 와인글라스 베이의 전망대. 오른쪽 모자 쓴 이가 동행했던 체코인 아저씨이다.
▼ 청록빛 바다와 백사장이 펼쳐진 와인글라스 베이

베이 오브 파이어스에서만 볼 수 있는 주황빛 화강암

우리는 매튜와 조앤의 워킹홀리데이 생활을 이야깃거리로 대화를 이어 나갔다. 그들은 워킹홀리데이를 마치고 그간 모은 돈으로 호주를 여행하는 중이었다. 하지만 그동안의 생활이 어떠했냐는 질문에 둘은 전혀 다른 반응을 보였다. 우선 매튜는 모든 것이 마냥 좋았다며 반색했다. 영어권 국가 출신인 그는 어렵지 않게 일자리를 구했으며 호주 사람들과도 금세 어울렸다. 반면 눈시울이 붉어진 조앤의 사정은 달랐다. 1년간 호주에서 지내며, 그녀는 동양인이란 이유로 부당한 차별들을 견뎌내야 했다. 상냥한 이들도 일부 존재했으나 이유 없이 시비를 거는 이들도 다수 존재했다.

나 또한 그녀의 사정에는 십분 공감했다. 교환학생 신분으로 캠퍼스 내에 있을 때는 누구도 내게 가시적인 차별을 가하지 않았다. 하지만 학교를 벗어나 마주한 이들은 달랐다. 그들은 단지 동양인이란 이유로 날 마음에 들어 하지 않았고, 이유 없이 욕설을 퍼부으며 소리를 질러댔다. 주변 친구들 중에는 달걀을 맞거나 주먹다짐에 휩싸인 이들도 있었다. 캐나다인 아주머니는 이런 우리의 밥값을 계산해 주심으로써 위로를 대신했다.

다음 날 베이 오브 파이어스를 향해 루카스는 차를 몰았다. 체코인 아저씨가 그토록 고대하던 주황빛 화강암이 모습을 드러냈다. 체코인 아저씨의 설명에 따르면 일대가 그 외양으로 인해 '베이 오브 파이어스'라고 불리는 것은 아니었다. 토비아스 퍼노Tobias Furneaux가 이곳을 처음 발견했을 때, 근방에서 워낙 많은 애버리지니 사람들Aborigine Peoples이 불을 피워 생선을 구워먹고 있었기 때문이라나.

푸른 바다, 하얀 모래와 대조를 이루며 불에 타는 듯한 신비로운 해변 광경에 일행들은 들뜨기 시작했고, 그런 우리들에게 루카스는 충분한 자유 시간을 약속했다. 체코인 아저씨는 신이 나서 바위들을 관찰했고, 그리스인 할아버지는 평평한 바위에 올라 일광욕을 즐겼다. 루카스와 매튜는 아무런 망설임도 없이 옷을 벗고 바다로 뛰어들었다. 모두가 독자적인 노선을 추구하는 가운데 나와 조앤은 주황빛 화강암을 따라 최대한 멀리 해변을 산책했다. 베이 오브 파이어스는 어느 곳에서 바라보느냐에 따라 적색과 청색의 경계가 달라졌고, 그에 따라 매번 다른 감흥으로 다가왔다.

베이 오브 파이어스를 뒤로하고 우리는 론서스턴으로 향했다. 론서스턴은 태즈메이니아 섬의 주요 도시 중 한 곳으로, 섬의 북쪽에서 남부의 호바트와 함께 섬의 발전을 견인해왔다. 특히 이곳은 호바트보다 호주 본토와 가까웠기에 멜버른과 교역하며 빠른 성장을 꾀할 수 있었다.

론서스턴 시내에는 한적함에서 오는 세련미가 존재했다.

하지만 어째서였을까? 이른 저녁, 루카스의 멋쩍은 웃음과 함께 둘러본 론서스턴의 정취는 호바트와 별다르지 않았다. 마을은 쥐 죽은 듯 고요했고, 식당 몇 곳을 제외하곤 가게들의 문은 닫혀 있었다. 중세풍의 교회는 옛 명성을 증명해 보였지만, 동시에 그 명맥이 이미 오래전에 끊겼음이 느

론서스턴을 가로지르는 타마 강

껴졌다. 론서스턴을 남북으로 가르며 흐르는 타마 강Tamar River, 그곳에 정박한 수많은 요트의 주인들은 어디로 간 것일까?

　루카스의 임무가 우리를 론서스턴에 데려다주는 것까지였기에, 다음날 푸짐한 인상의 중년 아저씨가 승합차를 끌고 등장했다. 그는 연륜이 묻어

나오는 말솜씨와 사람 좋은 미소로 금세 일행들의 마음을 사로잡았다. 새로운 가이드는 크레이들 산Cradle Mountain을 등산하기에 앞서 크레이들 계곡으로의 안내도 잊지 않았다. 그곳에는 구스타프 와인도프Gustav Weindorfer와 그의 부인 케이트Kate가 살았던 오두막이 남아 있었다. 구스타프는 크레이들 산의 산지기가 되길 자청할 정도로 이곳을 사랑했다. 케이트의 의중은 전해지지 않지만 말이다.

크레이들 계곡의 다음 목적지는 도브 호수Dove Lake였다. 호수는 크레이들 산에 둘러싸여 있었는데, 마치 크레이들 산이 호수를 위해 요람cradle이 되길 자청한 것처럼 보였다. 일행들은 산과 호수가 맞닿은 경계를 따라 걷기 시작했다. 발밑의 자갈들은 옅은 분홍빛을 띠었고, 도브 호수에는 황톳빛 물이 흘렀다. 저만치 보이는 청회색의 산자락까지 도무지 상식적이지 않은 산의 배색에 한몫을 거들었다.

물론 상식 밖의 색상에는 나름의 이유가 있다. 도브 호수는 빗물이 크레이들 산을 따라 흘러내리며 주변 금속을 녹여내었기 때문에 황톳빛을 띤다. 청회색 산자락은 앞서 언급한 시드니의 블루 마운틴Blue Mountain과 같은 이유로 설명된다. 하지만 기이한 배색의 원인을 알고 있어도 크레이들

1 와인도프 부부가 살았던 오두막
2 크레이들 산을 함께한 가이드 아저씨
3 도브 호수와 이를 감싸 안은 크레이들 산

산이 전해주는 신비감은 감소하지 않았다.

트레킹 코스는 완만했으나 우리들 중 누구도 발걸음을 재촉하지 못했다. 모두의 페이스메이커 역할을 훌륭히 해낸 가이드 아저씨가 아니었다면, 우리 또한 와인도프처럼 일평생을 이곳에 바쳤을지도 모른다.

크레이들 산을 마지막으로 우리들의 여행은 종결됐다. 2박 3일의 시간은 국적과 나이, 살아온 배경까지 무엇 하나 접점이 없던 개인들을 하나로 묶기에 충분했다. 헤어짐의 여운을 누릴 새도 없이 곧장 론서스턴 공항을 향한 내게 그들을 향한 아쉬움은 유독 크게 남았다.

three

세계에서 가장 살기 좋은 도시
멜버른

황금과
멜버른

1851년 미국 캘리포니아, 그곳에는 허탈한 표정의 한 남자가 서 있었다. 그의 이름은 에드워드 하그레이브Edward Hargraves로, 골드러시gold rush가 시작됐다는 소문에 호주를 떠나 미국으로 향한 사내였다. 하지만 그가 캘리포니아에 도착했을 때에는 이미 미국인들이 황금 채굴을 끝낸 후였다. 하그레이브가 캐낼 수 있던 것이라곤 흙과 돌덩이에 불과했다. 결국 그는 귀국을 결심했다. 타지에서 실패한 일확천금의 꿈을 고국에서 이뤄보려는 생각이었다.

호주로 돌아온 하그레이브는 뉴 사우스 웨일스 주의 전역을 헤집기 시작했다. 주변 사람들은 그를 비웃었지만, 그는 개의치 않고 금 찾기에만 열중했다. 그로부터 두 달째 되던 날, 하그레이브는 시드니Sydney 북서쪽의 배서스트Bathurst 지역에서 첫 황금을 발견했다. 소문은 금세 퍼졌다. 사람들은 너도나도 앞다퉈 근방의 공터를 헤집거나 배서스트로 향하기 시작했다.

머지않아 멜버른Melbourne에서도 황금이 발견됐다. 이곳에서 발견된 황금의 양은 배서스트에 비해 확연히 많았다. 호주의 여타 도시민들뿐 아니라 유럽 각국의 사람들 또한 이에 주목했다. 그들은 호주와 멜버른으로 이주하

골드러시로 부흥했던 옛 멜버른

길 희망했다. 이전까지 호주를 죄수 유배지라며 무시하던 영국인들도 이제는 사소한 죄라도 지어 이곳으로 보내지길 희망했다.

하그레이브가 귀국한 지 8년째 되던 해, 호주의 인구는 황금이 발견되기 이전의 2배로 증가했다. 동시에 국가의 명성 역시 높아졌다. 영국의 죄수 유배지란 불명예에서 벗어나 비로소 어엿한 하나의 국가로 인정받게 된 것이었다. 호주의 역사는 자연스레 골드러시 이전과 이후로 나뉘게 되었다.

"스완스톤 스트리트Swanston Street와 플린더스 스트리트Flinders Street의 교차점에 위치하며, 노란 건축물 위에 얹어진 초록색 돔 지붕을 특징으로 합니다. 1927년에는 세계에서 가장 바쁜 기차역으로 뽑히는 영예를 얻었으며……"라고 안내 책자에는 분명 쓰여 있었다. 플린더스 스트리트 역Flinders Street Station의 황금빛 벽면이 골드러시로 부흥했던 멜버른의 과거를 상징한다는 설명과 함께였다. 안내 책자의 설명이 틀릴 리는 없으니, 그렇다면 숙소 정보가 잘못된 모양이었다. 입구를 나서자마자 플린더스 스트리트 역이 보인다는 말에 숙소 예약을 서둘렀건만, 눈앞에는 우중충한 갈색 건축물뿐이었다. 약간의 언짢음과 이미 하룻밤을 묵었으니 별수 없다는 체념이 교차했다.

그렇게 얼마를 걸었을까. 자욱한 아침 안개에 가려있던 돔 지붕이 점차 모습을 드러냈다. 발걸음을 재촉해 도착한 길의 끝에는 빛바랜 초록 돔 지붕과 그 밑을 분주히 오가는 사람들, 출발 신호를 앞둔 자동차와 트램tram까지 세계에서 가장 바쁜 기차역이 존재했다.

결과적으로 보면 안내 책자나 숙소의 정보 모두 잘못된 것은 없었다. 기차역은 숙소가 위치한 플린더스 스트리트를 따라 길게 뻗어 있었다. 다만 그 크기가 예상 밖이었고, 벽면까지 노랗게 칠해져 있지 않았기에 숙소를 나서자마자 마주한 건축물이 플린더스 스트리트 역임을 알아채지 못한 것이었다.

플린더스 스트리트 역. 한때 세계에서 가장 바쁜 기차역으로 손꼽혔다.

세인트 폴 대성당. 하늘을 찌를 듯한 첨탑을 특징으로 한다.

기차역의 맞은편으로는 세인트 폴 대성당St. Paul's Cathedral이 위치했다. 플린더스 스트리트 역이 나지막한 돔 지붕을 특징으로 했다면, 성당은 하늘을 찌를 듯한 첨탑들이 수직으로 곧게 뻗어 있었다. 신의 위엄을 드러내려 한 걸까? 그렇다면 멜버른은 이를 대가로 도시의 경관을 포기한 셈이었다. 정반대 분위기의 두 건축물은 도무지 어울리지 않는 조합이었다.

물론 조화롭지 않은 두 건축물에는 나름의 사정이 있다. 세인트 폴 대성당은 호주를 한 번도 방문한 적 없는 영국 출신의 건축가 윌리엄 버터필드William Butterfield에 의해 설계됐다. 지독히도 영국스러운 그의 도안에 호주의 상류층은 열광했다. 멜버른 경관에 대한 고려는 전혀 없었다. 하지만 문제는 성당 건축의 총책임자였던 그가 홀연히 귀국하며 발생했다. 멜버른의 건축가 조셉 리드Joseph Reed*가 황급히 그의 뒤를 이었으나, 글쎄다. 리드는 성당의 디자인을 멜버른스럽게 바꾸기 위해 노력했고, 이는 초기 느낌만을 희석하는 결과를 낳았다. 심지어 그는 버터필드가 설계한 성당의 첨탑을 시공할 능력이 없었다. 리드는 시드니 출신의 건축가 존 바John Barr에게 도움을 요청해 성당의 공사를 마무리했다.

> * 조셉 리드는 이후 멜버른 시청사, 빅토리아 주립 도서관, 왕립 전시관과 칼턴 정원(Carlton Gardens)을 만들며 멜버른 대표 건축가로 성장했다.

서로 다른 3명의 건축가가 지은 세인트 폴 대성당이 주변 경관과 조화를 이루길 바라는 것은 애초에 무리였다. 완공된 것만으로도 감사할 일이지 않은가. 다행히 그곳에서 드리는 아침 미사는 그저 평온했다. 신부님의 희끗희끗한 머리와 나지막한 목소리, 기도하는 사람들의 낮은 웅얼거림, 그리고 스테인드글라스를 통해 들어온 햇빛까지. 가톨릭교도는 아니지만 잠시 그들의 사이에 앉아 눈을 감고 손을 모았다.

세인트 폴 대성당을 나와 마주한 멜버른 거리는 황톳빛과 청회색 건축물들이 어우러져 특유의 분위기를 자아내고 있었다. 노천 꽃집의 화사함이나 관광용 사륜마차의 달그락거리는 소리는 거리의 운치를 더했다. 화려하되 점잖은 느낌이랄까? 호주에서 트램이 가장 활성화된 도시답게 멜

버른 거리에서는 각양각색의 트램과 만날 수 있었다. 특히 35번 트램은 반세기 전의 멜버른과 어울릴법한 외관을 하고 무료로 시내를 순회했다.

정처 없는 발걸음은 리틀 버크 스트리트 Little Bourke Street 로 이어졌다. 멜버른에 사는 중국인들 중 절반 이상이 삶의 기반을 둔 곳으로, 그 기점에는

1 화려하되 점잖은 느낌
  의 멜버른 시내

2 멜버른을 오가는 관광
  용 사륜마차

3, 4 멜버른은 호주에서
  트램이 가장 활성화된
  도시이다.

5 35번 트램은 멜버른 시
  내를 무료로 순회한다.

6 리틀 버크 스트리트의
  시작을 알리는 중국식
  개선문

중국식 개선문이 세워져 있었다. 붉게 꾸며진 가게들의 벽면에는 복福자
가 거꾸로 붙여져 있어 중국식 정취를 더했다. 멜버른을 뒤덮은 황금의 열
기, 그 뜨거움이 초래한 결과를 알지 못했다면 이국의 한복판에 정착한 그
들의 생활이 마냥 부러웠을지도 모른다.

1860년 4월, 현재는 영Young이라 불리는 램빙 플랫Lambing Flat 지역에서도 황금이 발견됐다. 해당 소식은 금세 호주 전역으로 퍼졌고 사람들은 너도나도 할 것 없이 그곳으로 향했다. 하지만 모두의 기대와 달리 램빙 플랫에서 발견된 황금은 소량에 불과했다. 뒤늦게 합류한 사람들은 인근 강가에서 사금을 채취하는 것에 만족해야 했다.

램빙 플랫에 모여든 사람들 중 유독 눈에 띈 부류는 중국인들이었다. 그들은 개별적으로 행동하던 백인들과 달리 단체로 사금을 채취하곤 했다. 백인들보다 이른 시간에 일어나 늦게까지 황금을 채굴했으며, 황색 피부는 그들이 더위를 더 잘 견디는 것처럼 보였다. 이러한 광경은 중국인들에 대한 백인들의 불만을 고조시켰다. 그들은 지쳐 있었고, 자신들이 한몫 잡지 못한 원인을 돌릴 누군가가 필요했다. 그들은 점차 중국인들이 없다면 더 많은 황금을 차지할 수 있으리라 믿기 시작했다.

1861년 6월 30일, 결국 백인들은 중국인 주거지를 습격했다. 그들은 1000여 명의 중국인들을 무차별하게 구타했고 황금을 빼앗았다. 황금을 챙긴 후 그들의 집에 불을 지르는 것도 잊지 않았다. 훗날 램빙 플랫 폭동Lambing Flat Riot으로 기억될 밤의 일이었다.

그날의 폭동은 그 어떤 법적 제재도 가해지지 않았다. 호주 경찰은 2주가 지나서야 폭도 3명을 잡아들였으며, 아무런 처벌 없이 그들을 풀어줬다. 도리어 연방 정부는 해당 사건을 계기로 백호주의白濠主義를 제창했다. 백호주의는 피부가 하얗지 않은 이들은 자국민으로 받아들이지 않겠다는 정책이다. 물론 '영국계 백인이 아니면 이주를 불허한다'는 문장이 직접적으로 법안에 기록되지는 않았다. 호주 정부는 단지 이주 희망자들에게 영어 어학 시험을 치르게 했고, 이는 영어가 모국어가 아니라면 통과할 수 없는 수준이었다.

이후 비영어권 이주민들에 대한 처우는 두 차례의 세계대전이 종전된 후에야 개선의 여지를 보였다. 기나긴 전쟁으로 자국의 젊은이를 상당수

잃은 후의 일이었다. 그들은 국가 재건을 함께할 인력이 필요했고 현존하는 인구로는 국가를 수호하기에도, 강대국으로 성장하기에도 한계가 있음을 깨달았다. 하지만 호주의 젊은 부부들이 당장 아이를 두셋씩 낳더라도 그들이 성장하기까지는 족히 20년을 기다려야 했기에, 호주 정부는 이민자들에게 문호를 개방하는 방법을 택했다. '인구를 늘리지 않으면 멸망한다Populate or Perish'란 표어를 내건 채였다.

일차적으로 수정된 호주의 이민 정책은 비영어권 유럽인들만을 대상으로 했다. 지중해인들에 대한 "시끄럽고, 뚱뚱하며, 냄새난다"는 고정관념은 여전했지만, 적어도 아시아인보다는 낫다고 여겼다. 백호주의의 부분적 철폐는 이탈리아, 그리스 등의 지중해권 국가들에게도 희소식이었다. 이탈리아인들은 제2차 세계대전의 촉발제가 된 무솔리니의 파시즘에 질려 있었고, 자유와 신념을 좇아 호주로 향했다. 그리스는 고질적인 가난과 실업 문제로 시달리고 있던 상황이라 정부가 앞장서서 자국민의 이민을 장려했다. 이탈리아인들은 라이곤 스트리트Lygon Street를, 그리스인들은 론스데일 스트리트Lonsdale Street를 중심으로 삶의 터전을 마련했다.

중국을 비롯한 아시아계 이주민들에 대한 처우가 나아진 것은 1970년대의 일이다. 램빙 플랫 폭동이 일어난 지 한 세기가 지나서야 호주 정부는 자국이 인종적으로는 유럽에 가까울지라도, 지리적으로는 아시아권에 속함을 깨달았다. '먼 사촌보다 가까운 이웃이 낫다'는 옛말은 괜히 있는 것이 아닐 터였다. 무역을 비롯한 정치적·경제적 교류를 통해 자국의 이득을 꾀하려는 의도가 다분했지만, 아무렴 어떠랴. 1978년 호주는 백호주의 정책을 철회했다. 어학 시험처럼 아시아인들의 이민을 제한할 수 있는 제도는 철폐됐으며, 적합한 절차를 거친 이들을 호주의 국민으로 받아들였다.

이후 수만 명에 이르는 아시아인들이 호주로 이주했다. 중국, 인도네시아, 말레이시아, 싱가포르, 베트남 등지에서 온 사람들이 호주에 정착해 자국의 문화를 전파했다. 하지만 이 땅에는 여전히 동양인들을 향한 곱지 않은 시선이 존재한다. 동양인이란 이유로 달걀을 맞거나 욕설과 구타의 대상이 되는 일도 비일비재하다. 아시아인으로서 호주에서 살아가기란 아직도 쉬운 일이 아닌 듯하다.

여왕의,
여왕에 의한,
여왕을 위한

퀸 빅토리아 마켓Queen Victoria Market을 방문하기 위해 아침부터 서둘러 길을 나섰다. 이른 새벽 개장하는 대신 오후 3시 즈음이면 문을 닫는 탓으로 지난 이틀간 몇 번이나 헛걸음을 한 끝에 간신히 둘러볼 수 있었다. 영국 여왕의 이름이 붙은 이곳은 남반구 최대 규모를 자랑하는 재래시장으로, 국내외 여느 시장과 다르지 않게 소나 돼지, 닭, 채소와 과일 등을 팔고 있었다.

시장에는 다소 으스스한 전설도 전해진다. 현재 시장의 터는 본래 공동 묘지였으며, 그 밑으로 아직도 꺼내지 못한 시체가 9000구 이상 남아 있다는 것. 그래서일까? 늦은 시각, 시장 주변을 오가는 행인들에게서는 종

종 유령을 봤다는 목격담이 끊이질 않는다. 비 오는 날이면 유독 같은 증언을 하는 이들이 늘어난다 하니, 혹시라도 이곳을 방문한다면 흐린 날은 피하길 바란다.

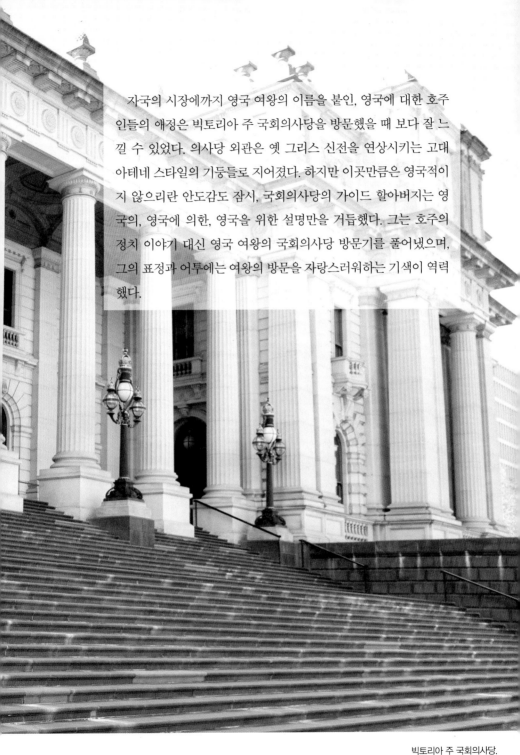

자국의 시장에까지 영국 여왕의 이름을 붙인, 영국에 대한 호주 인들의 애정은 빅토리아 주 국회의사당을 방문했을 때 보다 잘 느낄 수 있었다. 의사당 외관은 옛 그리스 신전을 연상시키는 고대 아테네 스타일의 기둥들로 지어졌다. 하지만 이곳만큼은 영국적이지 않으리란 안도감도 잠시, 국회의사당의 가이드 할아버지는 영국의, 영국에 의한, 영국을 위한 설명만을 거듭했다. 그는 호주의 정치 이야기 대신 영국 여왕의 국회의사당 방문기를 풀어냈으며, 그의 표정과 어투에는 여왕의 방문을 자랑스러워하는 기색이 역력했다.

빅토리아 주 국회의사당.
무료로 제공되는 가이드의 설명을 놓치지 않길 바란다.

국회의사당의 옆으로는 세인트 패트릭 성당St. Patrick's Cathedral이 위치했다. 성당은 청회색 빛을 띠었고, 멜버른의 흐릿한 하늘과 어우러져 차가움과 신비함을 동시에 뿜어냈다. 전날 방문했던 황금빛 자태의 세인트 폴 대성당과 정반대의 이미지였다. 멜버른을 대표하는 두 성당이 여행객들을 상대로 밀고 당기기라도 하는 것일까?

세인트 패트릭 성당의 냉랭함에는 호주에서 두 번째로 높은 성당답게 그 높이에서 전해오는 위압감도 한몫 보탰을 것이었다. 성당이 건축될 당시 멜버른에는 골드러시가 한창이었다. 그래서 멜버니언Melburnian*들은 거금을 들여 영국의 건축가 윌리엄 워델William Wardell을 초청했다. 멜버른이 워델에게 부탁한 것은 두 가지였다. 호주에서 가장 높으며, 가장 영국스러운 성당을 지을 것. 워델

은 그들의 요구사항을 완벽히 충족시킨 건축물을 지어냈다. 비록 훗날 시드니로부터 웃돈을 받아 이것보다 높은 세인트 메리 성당St. Mary's Cathedral을 지었지만 말이다.

◀ 세인트 패트릭 성당은 차가움과 신비함을 동시에 지녔다.
▼ 호주에서 가장 높은 세인트 메리 성당

오전부터 흐렸던 날씨는 도통 갤 기미를 보이지 않았다. 멜버른의 날씨는 하루에도 수십 번 화창하다가도 비가 내리며 바람이 불다가도 따뜻해지기로 유명한데, 오늘만큼은 그러한 변덕을 부릴 생각이 없는 듯했다. 온종일 뿌연 하늘에 시간의 흐름은 더디게 느껴졌고, 이따금 전해오는 발의 통증만이 시간의 경과를 알려주었다. 이제 피츠로이 정원Fitzroy Gardens과 호시어 레인Hosier Lane만을 둘러보면, 멜버른의 서쪽을 향한 오늘의 일정은 끝날 예정이었다.

피츠로이 정원은 멜버니언들이 직접 새긴 문구와 그림이 담긴 벽돌 길로 시작됐다. 산책로의 양옆으로는 한국과 비교되지 않을 높이의 가로수가 즐비했고, 작은 연못과 분수대, 온실도 곳곳에서 눈에 띄었다. 정원의 중앙에서는 쿡 선장의 오두막Captain Cook's Cottage 또한 볼 수 있었다. 호주를 최초로 발견한, 제임스 쿡James Cook 선장의 생가 말이다. 오두막은 영국으로부터 옮겨온 것으로, 정작 쿡 선장은 생전에 멜버른에 발을 디딘 적이 단 한 번도 없었다. 물론 멜버니언들은 이런 사실을 전혀 개의치 않았다.

1 피츠로이 정원의 벽돌길. 시민들이 직접 문구와 그림을 새겨 넣었다.
2 피츠로이 정원의 가로수길
3 쿡 선장의 오두막은 1934년 영국으로부터 옮겨왔다.

영국을 향한 호주 사람들의 애정은 이토록 극명하게 멜버른 곳곳에서 발견된다. 이에 혹자는 "호주인들의 선조는 옛 영국의 하층민과 죄수들이 아니었나요? 영국 정부는 그들의 생계 문제에 대한 책임을 회피하려 호주행 이민선을 출항시켰잖아요."라며 호주인들의 영국 사랑에 의문을 품을지도 모른다.

옳은 지적이다. 영국으로부터 호주로 강제 이송된 하층민과 죄수들은 고국을 그리워하

'미사 거리'란 애칭으로 알려진 호시어 레인

지 않았다. 하지만 그들이 정착한 이후, 황금을 좇아 호주로 온 영국계 이주민들의 사정은 달랐다. 비록 부를 위해 이주를 택했지만, 그들의 마음만은 여전히 영국을 향해 있었다. 그들은 거금을 들여 영국풍 건물들을 지었고, 거리 곳곳에 영국 왕족들의 이름을 남겼다. 피츠로이 정원에 심겨진 묘목들 상당수도 당시 영국으로부터 수입된 것들이다. 멜버른의 신흥 부자들 사이에서 유행의 기준은 얼마나 영국스러운가로 자리 잡았다.

"밥 먹을래, 나랑 뽀뽀할래?"라는 명대사를 기억하는가? 드라마 〈미안하다 사랑한다〉는 이 강렬한 대사와 함께 두 남녀 주인공이 처음 만난 멜버른 거리를 시청자들에게 각인시켰다. 그중 특히나 유명세를 탄 곳은 호시어 레인이다. 사방이 현란한 그라피티Graffiti로 채워진 이곳은 '미사 거리'란 애칭으로 국내에 알려졌다.

그런 이유로 이곳을 찾기까지는 꽤 애먹어야 했다. 거리의 본래 이름이

멜버른의 작은 골목길인 레인

'미사'인 줄로 착각한 까닭이다. 뒤늦게야 올바른 이름을 검색해 찾아간 거리는 유명세에 비해 아주 좁은 골목길에 불과했다. 훗날 영어 단어 레인 lane의 뜻을 알게 된 후에야 그에 대한 의아함은 풀렸다. 레인의 뜻은 '작은 골목길'로, 호시어 레인 역시 호주 뒷골목에 흔히 있는 좁은 길이었다.

호시어 레인을 둘러보는 것을 끝으로 하늘은 급속히 어두워졌다. 저녁 식사로는 낮에 들렀던 레인에 위치한 가게에서 태국식 국수를 먹을 생각 이었다. 호주 사람들이 유일하게 영국과 객관적 거리를 유지하는 부분이 바로 식食문화이다. 그들은 영국을 사랑했지만 맛없기로 유명한 영국 음 식 중 들여올 만한 것은 피쉬 앤 칩스fish & chips뿐이었다. 끝 모를 호주인의 영국 사랑에도 한계는 존재했다.

멜버니언의
하루

아침의 야라 강Yarra River 주변은 서늘했다. 멜버니언
들은 자전거나 카누를 타며 혹은 도보를 택해 강변을 오갔다. 멜버른의 스
카이라인은 그들의 배경이 되길 기꺼이 자청한 것처럼 보였다.

이토록 평화로운 모습을 보고 있자니, 문득 멜버른이 '호주에서 가장
유명한' 혹은 '가장 번영한'이란 수식어를 시드니에게 내준 것이 안타까
웠다. 도시의 외곽에서 다량의 황금이 발견되며, 멜버른은 '영국의 명예도
시'로 임명되는 영예를 안았다. 모든 영광은 1956년 멜버른 올림픽을 치
르며 절정에 달했다. 당시 국제올림픽위원회IOC위원 중 일부는 "올림픽
이 남반구에서 개최될 경우, 북반구의 선수들이 제 기량을 발휘하지 못할

것입니다. 그들은 갑작스레 뒤바뀐 계절에 당황하겠지요. 올림픽에 참가하는 대다수의 국가들은 북반구에 위치해 있지 않습니까?"라며 멜버른을 개최지로 선정하는 데에 반대 입장을 표했다. 하지만 멜버른의 인기는 일련의 우려를 모두 종식시켰다.

올림픽이 끝난 후에도 멜버른의 상승세는 한동안 지속됐다. 신흥 기업들은 본사를 멜버른으로 옮겼고, 호주의 유행, 패션, 예술은 멜버른을 빼놓고 논할 수 없었다.

그러나 1970년대에 들어서며 상황은 달라졌다. 명확한 이유를 꼬집어 말할 수는 없지만, 멜버른에 위치했던 기업들은 시드니로의 이주를 꾀했다. 문화의 주도권 역시 시드니로 넘어갔다. 이러한 흐름을 역행하려 멜버른은 서둘러 빅토리안 아트 센터Victorian Arts Centre를 지었지만, 그마저도 오페라 하우스Opera House에 비할 바가 못 되었다. 2000년 시드니 올림픽이 개최되며 모든 상황은 더욱 명백해졌다.

이쯤 되면 멜버니언과 시드니사이더Sydneysider들의 관계에 대한 속설도 이해하기 어렵지 않다. 그들은 호주를 대표하는 도시민으로서 계속해서 경쟁해왔으며, 때에 따라서는 다음과 같은 비난도 서슴지 않는다고 전해진다. "돈만 있고 문화와 예술에는 일자무식인 시드니사이더들 같으니!", "돈도 없으면서 여유 있는 척하는 멜버니언 주제에!" 그들은 호주 제1의 도시라는 타이틀을 거머쥐려 신경전을 계속하고 있다.

저 멀리 페더레이션 광장Federation Square이 보였다. 광장은 사람들로 북적였고, 둘러앉은 이들의 중심에는 광대 분장을 한 아저씨가 있었다. 그는 칼로 저글링을 하거나 외발자전거를 타고 접시를 돌렸다. 돌아가는 접시 개수에 비례해 사람들의 함성 소리는 점점 높아졌다.

자연스레 사람들의 틈에 앉아 그 모습을 카메라에 담으려던 찰나, 아저씨는 접시를 모두 내려놓고 내게 다가왔다.

"꽤 좋아 보이는 카메라네요."

페더레이션 광장에서 만난 광대 아저씨

　그는 카메라 셔터 소리에 맞춰 다양한 표정과 포즈를 취해 보였다. 돌리는 접시의 개수를 더는 늘릴 수 없어서 카메라 앞에서 익살을 떠는 것인가 하는 의심이 들었지만, 아저씨의 넉살에 관객들은 웃음을 터뜨렸다.

　페더레이션 광장의 화기애애한 분위기는 사실 전혀 기대치 못한 것이었다. 한때 멜버른의 주민들은 '세계에서 다섯 번째로 볼썽사나운 공간이 들어섰다'며, 이곳에 비난을 퍼부은 적이 있다. 한 익명의 비평가는, "광장은 지나치게 혼란스러우며, 머리 위를 오가는 트램의 전선줄은 이곳을 더욱 흉하게 만든다"라고 혹평했다. 다시는 이곳을 찾지 않겠다는 선언과 함께였다. 이후 페더레이션 광장이 어떻게 오욕의 역사를 지워냈는지는 알 수 없다. 하지만 오늘 이곳에 모인 사람들은 진정으로 광장이 주는 즐거움과 여유를 즐기는 듯 보였다. 광대 아저씨의 익살스러운 공연에 취해 해가 중천에 떠서야 광장을 떠날 정도로 말이다.

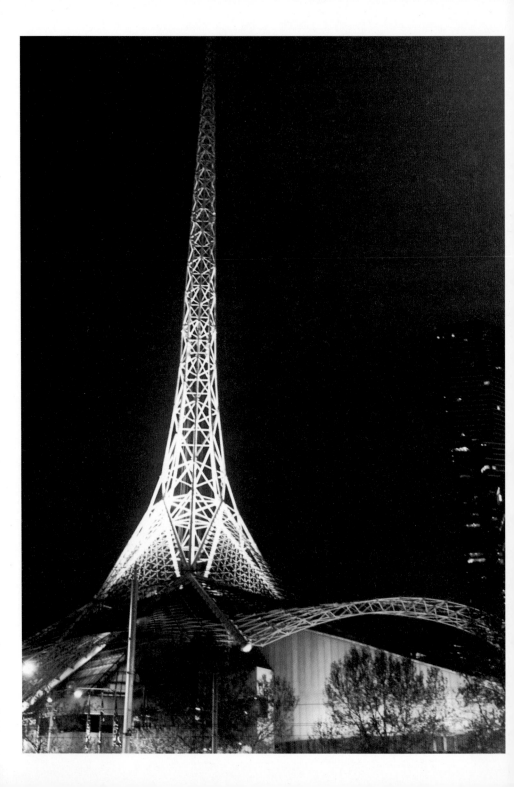

오후에는 빅토리안 아트 센터*로 가서 미리 예매해둔 연극을 볼 계획이었다. 건물의 상층에 얹혀진 철제 조형물로 인해 빅토리안 아트 센터는 멀리서부터 꽤나 눈길을 끌었다. 이는 건축가 로이 그라운드Roy Ground 경의 작품으로, 그는 파리의 에펠탑과 발레리나가 착용하는 스커트인 튀튀tutu에서 영감을 얻었다고 전해진다.

공연은 몰리에르Moliere의 〈더 스쿨 포 와이프The School for Wives〉로, 한국에는 〈아내들의 학교〉라는 이름으로 알려진 희곡 작품이다. 그 내용은 다음과 같다.

늙은 귀족 아놀프Arnolphe는 어린 아그네스Agnes의 후견인을 자청한다. 보호를 명목으로 그녀를 제 입맛에 맞게 기르고 아내로 삼을 속셈이다. 아놀프의 불순한 의도 아래 아그네스는 외진 별장에서 홀로 지내게 된다.

◀ 빅토리안 아트 센터는 발레리나 스커트에서 영감을 얻어 설계됐다.
▼ 몰리에르의 희곡 〈더 스쿨 포 와이프〉의 공연 포스터

그러던 어느 날, 아그네스는 우연히 별장에 들린 젊은 청년 호레이스 Horace와 사랑에 빠진다. 아놀프의 음흉한 속내를 모르는 그녀는 천연덕스레 그에게 호레이스의 이야기를 늘어놓는다. 호레이스 역시 부친의 친구인 아놀프에게 아그네스와의 관계에 대한 자문을 구한다. 누군지 모를 그녀의 늙고 이기적인 후견인을 욕하며 말이다. 그 후견인이 자신임을 차마 밝히지 못한 아놀프는 '여자는 남편에게 순종해야 한다'고 아그네스를 가르치며 그녀와의 결혼 준비를 서두른다. 하지만 두 젊은이의 사랑 앞에서 아놀프의 훼방은 아무런 걸림돌이 되지 못한다. 이후 호레이스는 아그네스의 친아버지를 찾아오고, 그에게서 결혼 허락을 받으며 극은 마무리된다. 처량히 홀로 남은 아놀프의 모습과 함께 말이다.

몰리에르의 작품은 17세기를 배경으로 쓰였기에 줄거리에 크게 공감할 수는 없었다. 하지만 두 청춘 남녀 사이에서 자신의 속내를 털어놓지 못한 채 허둥대는 아놀프의 모습은 웃음을 자아내기에 충분했다. 또한 아그네스가 아놀프에게 건넨 마지막 한 마디는 공연장을 나선 후에도 계속해서 머릿속을 맴돌았다.

"그래요, 전 당신보다는 호레이스와 결혼하고 싶어요. 당신은 늘 제게 결혼 생활의 의무를 가르쳤죠. 아내가 남편을 위해 무엇을 포기해야 하는지를 말이에요. 하지만 호레이스는 달라요. 그는 결혼 전보다 결혼 후를 더 기대하게 만들거든요."

하루 일정을 마무리할 곳으로 유레카 타워 Eureka Tower를 택했다. 타워의 88층 전망대에 오르자 화려하되 점잖은 자태의 멜버른 야경이 내려다보였다. 지난 세기에 이 도시가 시드니로부터 무얼 빼앗겼든지 간에 시드니에서는 찾아볼 수 없는 것들이 멜버른에는 존재했다. 이를테면 멜버니언의 존재들이 그러하다. 그들은 야라 강변에서 홀로 거닐던 내게 "참 아름답죠? 괜찮다면 이곳에 서 있는 당신의 사진을 찍어줄까요?"라고 묻곤 했다. 그들은 카메라를 들고 도주하지도, 내게 치근덕대지도 않았다. 시드니

사이더들이 날 밀치고 지나가지 않으면 다행이었던 것과 정반대의 경험이었다.

그런 기억 덕분일까? 호주 전역을 일주했다고 하면 사람들이 으레 던지는 질문에 대한 나의 대답은 항상 같다.

"호주에서 가장 추천해주고 싶은 도시는 어디야?"

"당연히 멜버른이지!"

21세기에 들어 '세계에서 가장 살기 좋은 도시'로 꼽힌 이곳, 멜버른은 참으로 그러한 도시였다.

유레카 타워에서 내려다본 멜버른 시내

우리 아빠를
해치지 마세요

필립 아일랜드Phillip Island는 '야생 동물의 천국'이라 불리며, 앞바다에 서식하는 페어리 펭귄Fairy Penguins*으로 유명하다. 섬의 펭귄들은 동이 트면 바다에 나가 해 질 녘에야 육지로 돌아오기에 여행객들은 시간대를 잘 맞춰 섬을 방문해야 한다. 그 시간대 외에는 야생 펭귄을 보기 힘들기 때문에, 여행객들에게는 새벽 단잠을 포기하거나 밤길 운전을 강행하는 두 가지 선택지가 주어졌다. 그중 전자보다는 후자가 나았기에 해가 중천에 뜬 늦은 시간에서야 필립 아일랜드를 향해 출발했다.

호주 본토와 필립 아일랜드를 연결하는 다리가 시작되는 산 레모^{San} Remo 마을에 잠시 정차했다. 마을 앞으로는 배스 해협^{Bass Strait}에서 들어온 바닷물이 흘렀는데, 짭짤하거나 비릿한 바다 특유의 냄새가 전혀 나지 않았다. 잠시 요기를 하러 들린 가게의 주인아저씨에게서 그에 대한 설명을 들을 수 있었다. 필립 아일랜드는 남극과 지리적으로 가까워 빙산이 녹으며 주변 바닷물의 염도를 낮췄기 때문이라고 한다.

그는 샌드위치 포장을 뜯는 내게 다가 와서 필립^{Arthur Phillip} 선장에 대한 이야기까지 설명을 이어갔다. 그는 필립 아일랜드라는 이름이 호주 땅에 처음으로 정착한 필립 선장으로부터 유래됐다는 말을 하며, 이런 사실을 무척이나 자랑스러워했다. 정작 필립 선장은 필립 아일랜드에 한 번도 발을 디딘 적이 없으며, 그의 가게는 섬으로부터 17km 떨어진 산 레모 마을에 위치하고 있는 데도 말이다.

필립 아일랜드를 향한 다리가 시작되는 산 레모 마을

오후 5시 40분인 예상 일몰 시간에 맞추기 위해 노비스 센터Nobbies Centre를 향해 부지런히 차를 몰았다. 노비스 센터는 페어리펭귄과 여행객들을 위해 빅토리아 주 정부가 고안한 공간이다. 이곳이 생기기 전에 펭귄들은 그들을 구경하러 섬을 배회하는 사람들로 인해 적잖은 삶의 위협을 받았다. 하지만 그들을 보러 먼 길을 온 여행객들을 섬에 들어오지 못하게 무조건 막을 수도 없는 노릇이었다. 고민 끝에 빅토리아 주 정부는 노비스 센터를 만들어 여행객들로 하여금 센터에 마련된 객석에 앉아 혹은 안내선을 따라 이동하며 펭귄들을 구경하도록 했다. 펭귄들의 서식지를 훼손하지 않는 선에서 말이다.

저녁 어스름이 짙어졌다. 펭귄들이 출몰할 시간이 가까워 왔고, 안내 요원들은 관람객들에게 조용히 해줄 것을 부탁했다. 침묵을 지키던 모두의 인내심이 한계에 달할 무렵, 앞쪽에서부터 탄성이 터져 나왔다. 처음 등장한 5마리의 펭귄들은 일렬로 해변을 걸어 올라왔다. 그들은 작은 몸집에 어울리지 않는 빠른 속도로 금세 모습을 감췄다. 사람들은 아쉬움의 탄식을 뱉었다. 그러나 잠시 후, 또 다른 펭귄 무리가 등장했다. 그들은 한결같이 삼삼오오 무리를 지어 올라왔고, 재빠르게 사람들의 시야에서 벗어났다.

페어리펭귄, 한국 동물도감에는 쇠푸른펭귄Little Blue Penguin이라 등재된 녀석들은 실로 요정fairy 같은 몸집의 소유자였다. 그들은 30cm 정도의 작은 키에 까맣고 윤기 흐르는 짧은 깃털을 가지고 있었다. 요정 펭귄 또는 꼬마 펭귄이라 불리며, 많은 사람들의 사랑을 받는 것이 괜한 일이 아니었다. 문제는 여우, 족제비, 담비뿐 아니라 개와 고양이들도 페어리펭귄을 좋아한다는 점이다. 그들은 페어리펭귄을 주된 사냥감으로 삼는다.

애석하게도 필립 아일랜드에 사는 페어리펭귄의 모습은 단 한 장의 사진에도 남지 않았다. 해 질 녘에야 육지로 돌아오는 페어리펭귄의 특성상 그들을 찍기 위해서는 카메라 플래시를 터뜨려야 한다. 문제는 펭귄과 같이 작은 동물들이 순간적으로 강한 불빛을 받으면 눈이 멀게 된다는 점이

◀ 노비스 센터. 페어리펭귄들을 지키려 빅 토리아 주 정부가 고안한 공간이다.
▲ 시드니 수족관에서 촬영한 페어리펭귄

다. 눈먼 펭귄들은 바다에 가지도, 물고기를 잡지도 못할뿐더러 당장 그들의 집으로 돌아가지도 못한다. 그들은 그 자리에서 천적들의 먹이로 전락하게 되며, 동굴에서 그를 기다리던 새끼들 또한 굶어 죽게 된다.

실제로 노비스 센터의 곳곳에는 사진 촬영 자제를 요구하는 표지판들이 설치돼 있다. 표지판은 영어 외 다수의 언어로 동시 기재돼 있고, 픽토그램pictogram으로도 부연 설명되어 있다.

문득 저 멀리 새끼 펭귄들의 삑삑거리는 울음소리가 들려왔다. 마치 "아빠, 배고파", "혼자 있어서 무서워", "엄마, 다치지 말고 얼른 와"라고 외치는 듯한 소리였다. 페어리펭귄*을 사진에 담으려 욕심내기보다는 펭귄 일가족을 지켜내는 편이 훨씬 값지리라는 확신이 들었다. 이는 필립 아일랜드를 스쳐 지나가는 모든 여행객이 유념해야 할 부분이었다. 우리의 며칠이 그곳에서 평생을 지닐 사람과 동식물의 삶을 위협해서는 안 될 일이다.

* 페어리펭귄들을 가까이에서 보거나 사진 촬영을 하고 싶다면, 각 도시의 수족관을 방문해 보자. 시드니 수족관(Sea Life Sydney Aquarium), 멜버른 해양 동물 공원(Melbourne Zoo's Wild Sea), 골드 코스트의 씨월드(Sea World)는 페어리펭귄을 볼 수 있는 대표적인 장소다.

포트 캠벨의 사도들은
오늘도 순교 중

멜버른에서 94km 떨어진 작지도 크지도 않은 해안 마을 토키Torquay에서 그레이트 오션 로드Great Ocean Road를 향한 일정이 시작됐다. 그레이트 오션 로드는 이름 그대로 엄청난great 해안 도로ocean road이다. 도로는 토키에서 시작해 워넘불Warrnambool에 이르기까지, 호주의 남동쪽을 해안선을 따라 길게 뻗어 있다. 총 243km에 달하는 엄청난 길이와 주변의 엄청난 경관은 이름값에 대한 충분한 설명이 되었다.

토키를 출발해 조금 달리다 보니 메모리얼 아치Memorial Arch와 마주할 수 있었다. 이곳은 그레이트 오션 로드의 상징적인 출발지로 잘 알려진 곳으로, '세계에서 가장 큰 전쟁기념비'란 도로의 별칭에 걸맞게 거대한 목재 개선문이 세워져 있었다. 그 옆으로는 곡괭이와 삽을 든 광부들의 조각상이 자리했다. 이들은 제1차 세계대전의 참전 용사로, 그레이트 오션 로드

◀ 그레이트 오션 로드의 메모리얼 아치
▼ 론 마을. 그레이트 오션 로드 인근의 해안 마을을 방문해보자.
▶ 케네트 리버에서 만난 코알라

를 건설하며 동시에 위로를 받은 사람들이다.

제1차 세계대전이 끝난 후, 귀향한 참전 군인들이 마주한 현실은 녹록지 않았다. 모두가 전쟁의 여파로 인해 빈곤에 시달리는 가운데, 그들 역시 일자리나 먹거리를 구하는 일은 요원했다. 총격전과 동료들의 죽음을 목격한 후유증도 가시지 않은 채였다. 빅토리아 주 정부는 그런 그들을 위해 어떠한 조치를 취할 필요성을 느꼈고, 논의 끝에 세계에서 가장 큰 전쟁기념비를 짓기로 결정했다. 243km에 달하는 그레이트 오션 로드의 공사에 착수해 일자리를 대거 창출하려는 계획이었다. 대외적으로는 전사자들을 위한 애도의 표시로, 실질적으로는 참전용사들의 생계를 돕기 위해 공사가 시작됐다.

3000여 명의 참전 용사들이 공사 현장을 찾았다. 그들은 곡괭이와 삽, 손수레만으로 한 달에 3km씩 길을 닦아 나갔다. 규모가 규모인 만큼 공사는 쉽지 않았다. 하지만 같은 아픔을 지닌 이들과 함께한다는 사실만으로 참전 용사들은 큰 위안을 얻었고, 공사가 진행되며 받은 임금으로 생계 문제 또한 해결할 수 있었다. 그 후 14년이라는 시간이 걸린 끝에 그레이트 오션 로드가 완공됐다.

그레이트 오션 로드를 따라 달리다 보면 작은 해안 마을들은 끊임없이 만날 수 있다. 앵글시Anglesea와 론Lorne 마을을 거쳐 도착한 케네트 리버Kennett River는 그중 한 곳이었다. 케네트 리버는 야생 코알라들을 볼 수 있기로 유명하다. 실제로는 한참을 헤맨 끝에 코알라 한 마리를 겨우 발견했지만 말이다. 심지어 녀석은 등만 보인 채, 깊은 잠에 빠져 있었다.

113

　잠시 후 간단한 요기를 하려 들린 코알라 코브 카페Koala Cove Café의 주인 할아버지로부터 코알라 대신 크림슨로젤라Crimson Rosella 앵무새와 어울리는 편이 나을 것이라는 조언을 들을 수 있었다. 할아버지는 특별히 앵무새 모이도 나눠주셨다.

　가게를 나선 후 그의 말대로 손바닥에 약간의 모이를 뿌렸다. 앵무새들은 순식간에 내게로 날아들었다. 날카로운 인상에 빨강, 파랑, 초록색 깃털이 어우러져 화려한 매력을 뿜내는 녀석들이었다. 한 녀석은 손가락에, 다른 녀석은 손목 위에 걸터앉아 모이를 쪼아 먹었다. 일부는 어깨에 앉아 자기 차례를 기다렸다.

　가게 이름을 '크림슨로젤라 앵무새'의 카페라고 하는 편이 나았으리라고 속으로 중얼거리며 발걸음을 돌렸다. 그때 한 꼬마 아이가 눈앞의 새를

▲ 화려한 매력을 뽐내는 크림슨로젤라 앵무새
▶ 쿠카부라. 울음소리가 사람의 웃음소리와 비슷해 '래핑 쿠카부라'라고도 불린다.

향해 "제발Please"이라며 연신 속삭이는 모습이 눈에 들어왔다. 조심스레 아이에게 다가가 새의 이름을 물었다. 약간의 의심 섞인 눈빛으로 그녀는 '쿠카부라Kookaburra'*란 단어를 입에 올렸다. 생소한 이름에 다시 물어보려던 찰나 아이의 아버지가 인사를 건네왔다.

"안녕하세요, 이 아이는 제 딸이에요. 이 새는 쿠카부라고요."

쿠카부라, 울음소리가 사람의 웃음소리와 비슷해 '래핑 쿠카부라Laughing Kookaburra'라고도 불리는 녀석이었다. 아이는 새의 독특한 울음소리를 듣기 위해 그 곁을 좀처럼 떠나지 못하고 있었다. 나 또한 잠시 아이와 함께 기다렸지만, 쿠카부라는 끝내 울음소리를 들려주지 않았다.

* 쿠카부라는 올리(Olly)라 불리며, 오리너구리 시드(Syd), 바늘두더지 밀리(Millie)와 함께 2000년 시드니 올림픽의 마스코트로 사랑받았다.

그레이트 오션 로드를 따라 다시 차로 달리기 시작했다. 도로 한편은 상식적인 수준을 뛰어넘는 높이의 나무들이, 다른 쪽은 깎아지른 듯한 절벽이 펼쳐졌다. 그 사이로는 토키와 워넘불을 잇는 좁은 차선만이 존재했다. 문득 지금으로부터 150여 년 전, 이곳을 향한 톰 피어스Tom Pearce과 에바 카마이클Eva Carmichael의 이야기가 떠올랐다. 그들로 인해, 잠시 후 도착할 로크 아드 협곡Lcch Ard Gorge은 사람들의 주목을 받기 시작했다.

1878년 영국에서 출발한 이민선 로크아드호가 멜버른을 향했다. 배에는 수습 선원이던 톰과 가족이 함께 이민 길에 나선 에바를 비롯해 멜버른의 골드러시에 들뜬 이들이 타고 있었다. 그러나 멜버른에 당도할 무렵 폭우가 내리기 시작했다. 로크아드호는 좌초되었으며, 승객 대다수가 목숨을 잃었다. 의식을 차린 사람은 톰뿐이었다. 그는 파도에 떠밀려 근처 협곡의 모래 해변으로 쓸려갔기에 목숨을 건질 수 있었다. 정신을 차리고 주위를 살피던 그는 멀리서 허우적거리는 에바를 발견했다. 톰은 에바를 구해냈고 함께 협곡 밑의 동굴에서 밤을 지새웠다. 다음날 두 사람은 주변을 지나던 목자들에게 발견돼 겨우 협곡을 빠져나왔다.

12사도 바위와 세 자매 바위

　그들의 이야기는 신문에까지 실렸다. 멜버른을 향하는 이민자가 한창 많을 때라 독자들은 이 사건에 큰 관심을 보였다. 신문에 실린 협곡의 아름다운 경관도 독자들의 관심에 한몫을 보탰다. 협곡은 샛노란 색깔을 내비치며 새파란 바다와 대비됐는데, 다소 촌스러울 것 같은 이 색깔 조합에는 묘한 어울림이 존재했다. 이후 협곡은 침몰한 이민선의 이름을 따 로크 아드 협곡이라 불리며, 관광객들이 즐겨 찾는 명소로 거듭났다. 로크 아드 협곡은 현재 12사도 바위The Twelve Apostles, 세 자매 바위Three Sisters Formation, 그리고 그 외의 무수한 돌기둥, 아치, 협곡들과 함께 포트 캠벨 국립 공원Port Campbell National Park으로 지정돼 보호받고 있다.

협곡을 방문한 후, 12사도 바위에 도착하기까지는 적잖은 시간이 걸렸다. 달리는 차 안에서 머릿속을 채운 것은 '12사도 바위의 상공을 나는 헬리콥터를 탈까? 말까?' 하는 고민이었다. 지상에서 볼 수 없는 각도의 전경을 살필 수 있다는 설명에는 솔깃했지만, 15분간의 비행을 위해 100달러 남짓한 돈을 지불하기에는 부담스러웠다.

12사도 바위에 도착해서도 쉽게 결정을 내리지 못한 채, 우선 깁슨 스텝스Gibson Steps 산책로를 따라 걷기 시작했다. 산책로는 예상외로 길었고, 그 끝이 어디인지 의문이 들 즈음에야 바위들이 모습을 드러냈다. 12사도 바위의 옆으로는 세 자매 바위가 서 있었다. 멜버른의 하늘을 떠받치고 있는 듯한 그들의 모양새에 그리스 로마 신화에 등장하는 티탄 신족의 아틀라스가 떠올랐다. 그는 신들의 전쟁에서 제우스의 편을 들지 않았다는 이유로 일평생 하늘을 떠받치는 벌을 받았다. 여신의 황금 사과를 얻어다 주는 대가로 헤라클레스가 하늘을 잠시 대신 들어주었을 때를 제외하고는, 아틀라스는 평생 손과 머리로 하늘을 떠받치고 있어야 했다. 어쩌면 멜버른의 12사도 바위는 그가 남겨둔 흔적이 아닐까?

잠자코 그 모습을 바라보다 숫자를 세어보니 그곳에는 10개의 기둥만이 서 있었다. 12사도를 대신해 8사도가, 3명의 자매를 대신해 2명의 자매만이 그곳에 서 있었다. 근처 표지판의 설명에 따르면 존재하지 않는 사도 바위 중 한 개는 2005년 습한 바람과 파도를 견디다 못해 순교했다고 전해진다. 이후 2009년 9월에는 세 자매 바위 중 하나가 무너져 내렸다. 하지만 이들을 제외한 3개의 사도 바위는 일대가 포트 캠벨 국립 공원의 부지에 포함될 때부터 존재하지 않았다. 그에 얽힌 이야기는 다음과 같다.

1992년까지만 해도 12사도 바위는 9마리의 새끼 돼지들에 불과했다. 로크 아드 협곡과 함께 쏘우 앤 피그렛Sow and Piglets, '암돼지와 새끼 돼지들'이라 불렸던 까닭이다. 협곡과 바위기둥들은 실제로 엄마 돼지와 엄마 젖을 먹으려 애쓰는 새끼 돼지들처럼 보였다.

새끼 돼지들이 12사도로 승격된 배경에는 그레이트 오션 로드를 찾는 관광객을 늘리려는 빅토리아 주 정부의 치열한 고민이 담겨 있다. 그들은 '암퇘지와 새끼 돼지들을 보러 이 먼 길을 오는 사람은 없을 것이다'라는 의제를 놓고, 회의에 회의를 거듭했다. 이에 한 관료가 12사도 바위란 지명을 떠올렸을 때, 그들은 이보다 좋은 의견은 없으리라 생각하며 새 이름에 찬성했다. 12명 중 3명의 사도가 이미 순교한 지 오래라는 사실은 다소 난감했지만 말이다.

바뀐 이름 덕분인지는 몰라도 이후 12사도 바위를 찾는 여행객들은 확연히 늘었다. 파도와 바람에 깎여나가 언제 무너질지 모른다는 바위기둥의 특성은 그들을 더욱 열광시켰다. 하나의 바위기둥이라도 더 남아 있을 때 그 모습을 눈에 담으려는 사람들의 심리가 여행객들을 불러 모았다.

12사도 바위에 대한 짧은 감상을 뒤로하고 길을 돌아섰다. 문득 멀리서 반가운 얼굴이 보였다. 브리즈번Brisbane에서 함께 교환학생 생활을 했지만, 여행 계획을 공유할 만큼 친하지는 않던 친구였다. 여행지에서 만난 반가움에 우리는 호들갑스레 서로의 안부를 물었다. 특히 그녀는 조금 전 헬리콥터에서 내렸다며, 이를 탑승하길 고민하는 내게 말했다.

"일단 타 봐. 절대 후회하지 않을 거야."

약간의 기다림 끝에 헬리콥터는 수직으로 날아올랐다. 12사도 바위를 하늘에서 내려다볼 수 있다는 설렘과 난생처음 헬리콥터를 탄다는 긴장감이 교차했다. 고도가 높아질수록 귀는 먹먹해졌다. 드디어 포트 캠벨 국립 공원의 환상적인 전경이 그 모습을 드러냈다. 관광 책자에나 나올법한 각도의 12사도 바위와 협곡들이 눈앞에 펼쳐졌다.

15분은 금세 지나갔다. 하지만 상공에서 바라본 포트 캠벨의 경관은 100달러 이상의 값어치를 충분히 했다. 그러니 혹시 나와 같은 고민을 하는 이들이 있다면, 자신 있게 이야기하겠다.

"일단 타 봐. 절대 후회하지 않을 거야."

▲ 이륙을 준비 중인 헬리콥터
▼ 헬리콥터를 타고 바라본 포트 캠벨 국립 공원의 전경

four

고립으로부터의 고립
퍼스

퍼스의 민트가
그 민트가 아니야

멜버른Melbourne을 출발한 비행기*는 퍼스Perth로 향했다. 두 도시는 각각 대륙의 동쪽과 서쪽 끝에 위치하며, 도시 간 비행시간은 4시간이 족히 걸린다. 이는 한국에서 중국이나 일본을 오가고도 남을 시간으로, 한 국가가 온전히 하나의 대륙을 차지하고 있기 때문에 겪어야 하는 일이다.

*호주는 한 국가가 온전히 한 대륙을 차지한 만큼 각 도시 간의 이동을 위해 항공편을 이용하는 것이 최선이다. 타이거항공(www.tigerair.com), 젯스타항공(www.jetstar.com), 버진오스트레일리아항공(www.virginaustralia.com), 콴타스항공(www.qantas.com)이 대표적이다.

하지만 긴 비행시간이 무색하게도 공항에 도착해 확인한 퍼스의 시간은 멜버른으로부터 1시간밖에 지나있지 않았다. 이는 퍼스로 향하는 비행길에 시간대를 두 번이나 넘어온 까닭이다. 멜버른과 퍼스의 사이에는 각각 대륙의 동쪽과 서쪽으로 떨어진 지리적 간극만큼의 시차가 존재했고, 서머타임summer time 제도가 적용되는 계절인지라 1시간의 시차가 추가적으로 붙었다.

이러한 복잡한 시간 계산 과정은 퍼스가 호주의 다른 대도시들로부터 얼마나 고립돼 있는지를 보여준다. 퍼스를 제외한 도시들은 부메랑 코스트Boomerang Coast라고 불리며, 멜버른으로부터 1~2시간의 비행 거리 안에 밀집돼 있다. 호주 인구 중 85%가 그곳에 거주한다. 그 외 12%의 인구는 아웃백Outback이라 불리는 호주의 내륙에 거주하고 있다. 아웃백은 지리상으로 퍼스와 비교적 가까우나 그곳에는 애버리지니 사람들Aborigine Peoples만이 거주하기에, 나머지 3%의 인구가 거주하는 퍼스는 사실상 모두의 관심으로부터 고립돼 있다.

그래서였을까? 퍼스 여행의 가장 든든한 동반자는 퍼스 공항에서부터

퍼스 민트는 현재 기념용 주화만을 주조한다.

챙겨온 영문 지도 한 장뿐이었다. 지도를 북에서 남으로, 동에서 서로 훑던 중 유독 눈길을 끈 곳은 퍼스 민트Perth Mint였다. 이름에서부터 시원한 박하mint향이 전해오는 그런 곳. 퍼스를 본격적으로 둘러보기에 앞서 박하향 디저트로 속을 달래는 것도 나쁘진 않을 듯했다.

하지만 퍼스의 민트가 그 민트가 아님을 깨닫기까지는 오랜 시간이 걸리지 않았다. 멀찍이 보이는 건물은 높다란 돌담에 둘러싸여 있었고, 박하향 디저트를 파는 곳치고는 지나치게 주변 경계가 삼엄했다. 입구에 들어선 순간, 이는 더욱 분명해졌다. 퍼스 민트의 앞마당에는 박하 잎이 아닌 황금 조각을 손에 쥔 채 기뻐하는 남자들의 조각상이 세워져 있었다.

황금을 손에 쥔 채
기뻐하는 남자들의 조각상

스완 강 건너에서 바라본 퍼스의 전경

　영어 단어 민트mint와 황금이라. 도통 연관성을 찾을 수 없는 조합에 뒤늦게 찾아본 영어 사전에는 민트가 박하, 박하사탕 외에도 '조폐국'을 뜻한다고 기술돼 있었다. 퍼스 민트는 박하향 디저트를 파는 곳이 아닌 퍼스 조폐국이었던 것이다. 그러나 얼떨결에 방문한 이곳은 비록 맛 좋은 디저트는 없었을지라도 퍼스를 이해하기에는 최적의 장소였다. 황금을 기반으로 성장한 도시인 퍼스에서, 퍼스 민트는 도시 발전에 중점적 역할을 감당했으니 말이다.

퍼스에서 황금이 발견된 것은 1890년의 일이다. 멜버른에서 채굴되던 황금의 양이 확연히 줄어든 시기였기 때문에 사람들은 먼 거리에도 불구하고 퍼스로 몰려들었다. 도시의 외곽에서 발견된 다량의 황금은 그들의 기대를 충족시키기에 충분했다.

일련의 상황은 웨스턴 오스트레일리아 주의 수상인 존 포레스트John Forrest 경이 보기에도 만족스러웠다. 퍼스는 그간 인구와 자원의 부족으로 도시 발전에 한계를 겪고 있었다. 고립된 지리적 여건으로 주변 도시와의 교류가 불가능했기에 퍼스의 미래는 더욱 암담해 보였다. 때마침 발견된 황금으로 퍼스는 이 모든 난관을 타개할 수 있을 듯했다.

하지만 문제는 예상치 못한 곳에서 발생했다. 그간 소수의 인구로 자급자족적 농업 경제를 유지해오던 퍼스는 갑작스레 늘어난 식량 수요를 감당할 수 없었다. 고립된 지리적 여건 때문에 주변 도시로부터 식량을 구해오기도 어려웠다. 머지않아 퍼스의 황금은 화폐가치를 상실했다. 밀이 동일 무게의 황금보다 귀하게 여겨졌고, 주민들은 황금이 있어도 끼니를 걸러야 했다.

정부 관료들은 퍼스의 경제적 고립을 막는 것을 목표로 서둘러 대책 회의를 시작했다. 거듭된 회의의 끝에 그들은 퍼스 조폐국을 건립하기로 결정했다. 이전까지 호주의 화폐는 멜버른에서만 주조됐으며, 여타 도시들은 원활한 통화량 확보를 위해 멜버른과의 관계 유지에 힘써야만 했다. 따라서 퍼스에서 금화 주조를 시작한다면, 이는 멜버른의 독주를 막을뿐더러 다른 도시들과의 지속적인 교류를 가능케 할 것이었다.

포레스트 경과 여타 관료들의 노력으로 퍼스는 이후 멜버른으로부터 금화 주조권 일부를 양도받았다. 그에 따른 경제적 효과는 그들이 예상했던 바와 같았다. 퍼스의 물가는 안정됐으며, 충분한 양의 식량이 조달됐다. 황금이 있어도 끼니를 거르게 되는 아이러니한 상황은 재현되지 않을 것처럼 보였다.

▲ 퍼스 시내는 고층 건물들의 사이로 윤택함이 전해왔다.
▶ 중세 영국의 거리를 재현한 런던 코트

황금을 기반으로 성장한 대륙 서부 유일의 대도시인 퍼스. 그 시내는 외관에서부터 윤택함이 전해져왔다. 헤이 스트리트Hay Street와 머레이 스트리트Murray Street에는 이름만 대면 알법한 쇼핑몰들이 즐비했고, 주민들은 분주히 그 사이를 오갔다. 과연 시드니Sydney와 멜버른, 브리즈번Brisbane을 뒤이어 호주에서 네 번째로 성장한 도시다웠다.

퍼스의 번영함은 런던 코트London Court에서도 느껴졌다. 그곳에는 시공간을 초월한 중세 영국의 거리가 재현돼 있었다. 건물들은 하나같이 빅토리아 양식을 본떠 지어져 있었고, 창가에는 유니언잭이 꽂혀있었다. 가게의 점원들은 진열된 상품들이 전부 영국에서 직수입된 것이라며 행인들의 발걸음을 붙잡았다. 비록 내게는 호주에서 산 영국제 기념품들이 아무런 의미가 되지 못했지만 말이다.

때마침 스완 벨 타워Swan Bell Tower의 종소리가 들려왔다. 발걸음을 재촉하니 스완 강Swan River과 강변에 세워진 청록빛 종탑이 보였다. 종탑 내부는 알 수 없는 기계와 톱니바퀴들로 가득했고, 이들은 일정한 속도감을 유지

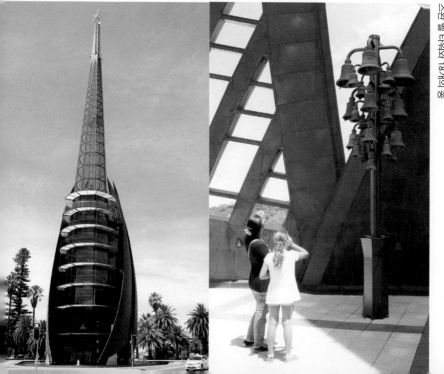

스완 벨 타워와 18개의 종

배럭 광장. 퍼스캣과 프리맨틀(Fremantle)행 페리를 탈 수 있다.

하며 돌아가고 있었다. 그 지나친 규칙성이 아름다움을 빚어낼 정도였다. 어쨌거나 덕분에 스완 벨 타워의 종소리는 매일 한 번, 웅장한 소리로 퍼스 전역에 울려 퍼진다.

종탑이 위치한 배럭 광장Barrack Square의 앞으로는 무료 셔틀버스 퍼스캣Perth CAT*이 오갔다. 고립된 지역을 찾아오는 사람들에 대한 배려일까? 덕분에 킹스 공원 Kings Park 정류장으로 쉽게 갈 수 있었다. 문제는 그곳에

내린 후 발생했다. 왼편과 오른편 중 어느 쪽이 공원으로 가는 길인지 알수가 없었던 탓이다. 50 대 50의 확률만이 내게는 존재했다.

갈림길 사이에서 고민하던 중 운동복 차림의 아저씨가 내 옆을 스쳐갔다. 그는 빠른 속도로 날 지나치더니 잠시 후, 호주 사람 특유의 미소와 함께 내게로 돌아왔다. 길을 헤매는 기색이 역력한 이방인을 못 본 척할 수 없었던 듯했다. 그는 내게 도움이 필요한지 물어왔고, 때마침 자신도 공원을 향하는 길이었다며 동행을 제안했다.

킹스 공원에 도착하기까지 아저씨는 그간 내가 경험한 호주가 어떠했느지를 물어왔다. 난 브리즈번과 골드 코스트Gold Coast에서 한 학기씩 교환

학생 생활을 했으며, 지금은 호주 전역을 일주하는 중이라고 사정을 설명
했다. 이를 듣고 그는 부메랑 코스트Boomerang Coast에서 건너온 사람을 만났
다는 반가움에 기쁨을 표했다. 자신은 브리즈번 북부의
선샤인 코스트Sunshine Coast*에서 왔는데, 퍼스에는 퍼스
토박이들뿐이라 재미가 없다는 푸념과 함께였다.

* 퀸즐랜드 주 동부 해안의 휴
양지. 이름 그대로 따사로운 햇
빛을 연중 누릴 수 있다. 호주
사람들이 즐겨 찾는 곳이다.

부메랑 코스트에 대한 예찬을 나누다 보니 공원에 금세 도착했다. 그와
나는 유칼립투스가 늘어선 가로수길에서 헤어졌다. 1100개에 달하는 나
무들에 각기 다른 이름의 명판이 걸려 있기로 유명한 길이었다. 명판에는
두 차례의 세계대전에서 목숨을 잃은 퍼스 청년들의 이름, 유명을 달리한
날짜와 장소가 새겨져 있었다. 공원 중앙의 전쟁기념비와 꺼지지 않는 불
꽃Eternal Flame도 그들을 향한 추모에 정성을 보탰다.

해 질 녘 공원에서는 퍼스 시내와 스완 강의 전경이 내려다보였다. 함
께 교환학생 생활을 한 킴Kim 오빠에게서 전화가 걸려온 것은 그때였다.
강경한 퍼스 예찬론을 펼치며 거리가 멀더라도 퍼스만큼은 반드시 방문
해야 한다던 그였다. 킴 오빠는 안부를 물어왔고, 저녁 시간을 보낼 장소
로 노스브리지Northbridge를 추천했다. '퍼스의 이태원'이라 할 수 있는 곳으
로 이국적인 레스토랑과 카페, 펍이 가득한 곳이라고 했다. 노스브리지를
향하며 퍼스에서의 첫날은 막을 내렸다.

킹스 공원의 가로수길. 세계대전에서 전사한 퍼스 청년들의 명판이 걸려 있다.

토끼 떼의
습격

퍼스는 호주의 다른 도시들로부터 철저히 고립돼 있다. 태평양을 맞대어 상호 간의 교역이 용이한 여타 도시들과 달리 퍼스의 서쪽 해안선은 인도양과 마주한다. 또한 바다와 닿아있지 않은 삼면은 붉은 황무지와 사막으로 이어져 있어, 가장 가까운 대도시까지도 차로 3일 밤낮을 꼬박 달려야만 도착할 수 있다. 이러한 지리적 여건은 탐험가들마저도 퍼스와 그 외곽 지역으로 가는 것을 주저하게 만드는 요인이 됐다. 19세기 말, 황금이 발견된 뒤에도 상황은 크게 달라지지 않았다. 퍼스에 정착하길 희망하는 인구는 늘어났지만, 누구도 섣불리 그 외곽으로 향하지는 않았다.

덕분에 도시의 밖에는 생각지도 못한 것들이 남았다. 그 대표적인 예로 전날 방문했던 피너클스 사막^{Pinnacles} Desert*을 꼽을 수 있다. 사막은 퍼스에서 북서쪽으로 차로

* 남붕 국립 공원(Nambung National Park) 내에 위치하며, 피너클의 높이는 최대 4m에 달한다. 오랜 옛날 퇴적된 조개껍데기들이 침식작용을 거치며 현재의 모습을 형성했다.

피너클스 사막. 황금빛 모래밭에 수백 개의 석회암 기둥들이 솟아 있다.

퍼스 외곽의 농경지로 향하는 관문인 요크 타운

3시간 거리에 위치하며, 황금빛 모래밭에 수백 개의 석회암 기둥들이 솟아 있다. 피너클pinnacle이라 불리는 금빛 기둥들은 그 밑동을 파보면 황금이 발견될 것이란 착각마저 일으켰다. 호주 전역이 황금에 미쳐있던 19세기에 발견됐더라면 무엇 하나 온전히 남지 못했을 것이다.

오늘의 목적지인 웨이브 록Wave Rock 또한 사정이 별반 다르지 않다. 웨

이브 록은 퍼스의 남동쪽으로 차로 4시간 거리에 위치한다. 지금이야 아침에 출발해 점심때면 도착할 수 있는 거리지만, 이전 세기의 사람들은 말을 타고 최소 이틀을 달려야만 했다. 다행인지 불행인지, 덕분에 웨이브 록은 현재까지 자연 그대로의 모습을 간직하고 있다. 바위가 사람들에게 알려진 것은 요크 타운York Town이 생긴 후의 일이었다.

요크 타운은 웨스턴 오스트레일리아 주 수상이었던 포레스트 경이 남긴 두 번째 업적이다. 퍼스에서 갑작스러운 식량난이 발생했을 때, 포레스트 경은 퍼스 민트를 건립해 이를 일시적으로 해결했다. 하지만 그는 금화 주조가 식량난 해결의 근본적인 대안이 되지 못한다는 것을 인식하고 있었다. 혹여나 예상치 못한 이유로 다른 도시와의 교역이 불가능해진다면, 아무리 많은 금화를 가지고 있다 한들 퍼스 주민들은 또다시 굶주리게 될 것이었다. 따라서 포레스트 경은 차근히 퍼스 동쪽의 황무지를 밀밭으로 개간했고, 주민들을 그곳으로 이주시켰다. 최소한의 식량만큼은 퍼스 내에서 자급자족이 돼야 한다는 믿음에 근거한 일이었다. 이후 두 차례의 세계대전이 연달아 발발하며 포레스트 경의 선견지명은 빛을 발했다. 전쟁의 여파로 퍼스는 다시금 주변 도시들과의 교역이 불가능해졌고, 주민들은 그가 개간한 밀밭에 의존해 삶을 이어갔다.

요크 타운은 당시 개간된 퍼스 외곽의 농경지로 향하는 관문이었다. 마을은 작고 고요하며 어느 곳을 둘러보아도 세월의 흐름이 전해졌다. 관광책자에 유일하게 언급된 요크 타운의 볼거리라곤 마을의 작고 오래된 베이커리뿐이었다. 가게의 외관은 허름했지만, 갓 구워낸 구수한 빵 냄새가

후각을 자극했다. 빵 한 덩어리와 커피 한 잔을 사 들고 가게를 나서려는 찰나, 오늘 하루 동행이 될 션Sean 아저씨와 만나게 됐다.

션 아저씨는 마흔이 훌쩍 넘어 보였고, 희었을 것으로 짐작되는 피부는 검붉게 타 있었다. 그는 목에는 꽤 값나가 보이는 카메라를 걸고, 등에는 묵직한 배낭을 메고 있었다. 그의 모습을 보건대 무척이나 여행을 좋아하는 사람이라는 것을 짐작할 수 있었다.

대화의 행방은 자연스레 그간 서로가 여행한 호주의 명소로 흘렀다. 그는 며칠 전 케언스Cairns에서 개기일식을 보았다며, 그곳에서 촬영한 사진들을 보여주었다. 다음 여행지가 그곳이라는 날 위해 먹을 만한 식당과 방문할 만한 장소들을 짚어주기도 했다. 잠시 후 우리는 웨이브 록까지 동행할 것을 결정했다. 2시간은 족히 더 걸릴 웨이브 록까지, 혼자보다는 이왕이면 둘인 편이 나을 터였다.

요크 타운을 기점으로 차창 밖에는 황금빛 밀밭만이 펼쳐졌다. 추수할 때가 가까운 밀밭은 바람에 흔들리며 거대한 물결을 이뤄냈다. 트랙터는 그 사이를 오가며 분주히 밀을 수확했고, 원통형의 짚단이 곳곳에 쌓여있었다.

금빛 풍경은 하이든Hyden 마을까지 계속됐다. 마을은 좀 전에 방문한 요크 타운보다도 규모가 작았으며, 오가는 사람 역시 찾아볼 수 없었다. 마을 초입에 위치한 구멍가게에 차를 세우고 약간을 걷자, 드디어 웨이브 록이 그 모습을 드러냈다. 웨이브 록은 이름 그대로 파도wave의 형상을 띠고 있었다. 물결은 하늘로 치솟은 순간 흐르길 멈춰 바위가 되었고, 그 높이와 기울기는 자연의 경이로움을 실감케 했다. 빗

물은 수백 년간 흘러내리며 흑갈색의 세로줄을 새겨두었고, 이는 파도의 세세한 물결을 재현해냈다. 그간 웨이브 록이 마주한 세월의 흔적이 이곳에 담겨 있었다.

바위의 끝에서 마주한 길을 따라서는 하이든 록Hyden Rock의 전신全身을 확인할 수 있었다. 하이든 록은 하이든 마을에 용수를 공급하는 댐의 벽면 노릇을 할 만큼 광대했고, 그 위에 올라서니 마을과 인근 밀밭 전부를 내려다볼 수 있었다. 전날 수십 개, 아니 수백 개에 달하는 피너클들이 자잘하게 흩어져 만들어낸 광경에 감탄했다면, 오늘은 거대한 바위가 빚어낸

파도의 형상을 한 웨이브 록

풍경에 압도당했다. 동행한 션 아저씨의 카메라에는 이를 배경으로 웃는 나의 모습이 담겼다.

퍼스로 돌아가는 길은 단조로웠다. 아까와 같은 밀밭 풍경과 원통형의 짚단이 만들어지는 광경은 더는 나의 흥미를 자극하지 못했다. 그 길 위에서 문득 반쯤 허물어진 울타리를 발견했다. 울타리 옆 작은 표지판에는 호주를 습격한 토끼 떼와 퍼스 주민들의 우습고도 슬픈 사연이 쓰여 있었다. 이야기는 1859년 멜버른의 토마스 오스틴Thomas Austin의 저택에서부터 시작된다.

오스틴은 순전히 취미 생활을 위해 호주로 이주한 영국의 부유층 자제

▲ 하이든 록 상부에 있던 하트 모양의 바위
▼ 현존하는 토끼 울타리의 일부분

138

였다. 그는 대부분의 여가 시간을 사냥을 하며 보냈고, 색다를 것 없는 사냥감들에 질린 채였다. 하지만 그는 호주에 도착한 지 얼마 되지 않아 사냥을 즐길 만큼 잽싼 동물들이 이 땅에 살지 않음을 깨달았다. 오스틴은 결국 영국에 사는 조카에게 토끼 몇 마리를 보내주길 부탁했다.

오스틴은 영국에서 건너온 24마리의 토끼들을 사유지에 풀어놓고 자유롭게 사냥을 즐겼다. 토끼들은 금세 새로운 환경에 적응했다. 호주에는 여우나 고양이와 같은 토끼의 천적이 존재하지 않았고, 곳곳에 식량이 될 만한 수풀이 무성했다. 또한 호주의 겨울은 영국에 비해 춥지 않았기에 그들은 1년 내내 번식에만 힘을 쏟을 수 있었다. 토끼 떼의 개체 수는 기하급수적으로 증가했으며, 곧 호주 전역으로 서식지를 넓혀나갔다.

문제는 토끼들이 덜 자란 묘목과 농작물들을 보이는 족족 먹어치웠다는 것이다. 농부들은 극심한 피해를 입었고, 호주의 토착 생태계는 파괴됐다. 특히나 포레스트 경이 공들여 경작한 퍼스 외곽의 밀밭은 토끼들에게 천국이나 다름없었다.

참다못한 호주 사람들은 그들의 개체 수를 줄이기 위한 방법을 고심했다. 그들은 토끼가 지나다니는 길목에 독이 묻은 먹이를 던져두거나 직접 사냥에 나섰다. 하지만 6억 마리의 토끼들이 호주 전역에 흩어진 가운데, 언제까지 온 국민이 생업을 제쳐두고 토끼 사냥에만 매달릴 수는 없었다.

그런 가운데 퍼스 주민들은 토끼 울타리Rabbit Proof Fence를 해법으로 떠올렸다. 퍼스 외곽을 울타리로 두른다면, 토끼들이 농경지를 범하지 못하리란 계산이었다. 전 국가를 구하지는 못하더라도 최소한 퍼스의 밀밭만큼은 지켜질 것이었다.

공사는 6년간 진행됐다. 총 3256km에 달하는 울타리가 해안선을 제외한 퍼스의 삼면을 감쌌다. 하지만 울타리의 완공을 축하하던 날, 순찰을 돌던 경비원은 울타리를 넘는 토끼 한 마리를 발견했다. 이후로도 토끼들은 울타리를 넘거나 그 밑으로 파고 들어와 지속적으로 퍼스의 밀밭을 탐했다. 결국 퍼스 정부의 노력은 헛수고로 돌아갔다.

이후 호주는 토끼와의 전쟁을 전 세계적으로 선포했다. 유럽의 학계에서도 그들의 개체 수를 줄이기 위한 가설이 다수 발표됐다. 그중 성공을 거둔 것은 1950년 프랑스 학계에서 발표된 '점액종 바이러스'를 이용한 토끼 퇴치법이었다. 점액종 바이러스는 사람이나 다른 가축들에게는 어떠한 영향도 못 미쳤지만, 토끼에게만큼은 치명적이었다. 점액종 바이러스를 호주 전역에 살포한 지 얼마 되지 않아 6억 마리에 달하던 토끼의 개체 수는 1억 마리까지 줄어들었다.

그런데 이토록 말썽이던 토끼들이 퍼스에 도움이 된 적이 있다. 이는 두 차례에 걸친 세계대전 중의 일로 주민들은 포레스트 경의 밀밭과 토끼떼에 힘입어 식량난을 해결했다. 토끼 고기는 퍼스 주민들의 훌륭한 단백질 보충원이었다. 물론 그간 토끼 떼가 먹어치운 농작물을 생각하면 손해를 보는 쪽은 여전히 퍼스 주민들이었지만 말이다.

프리맨틀,
우리 친구 아이가

항구 도시 프리맨틀Fremantle은 스완 강과 인도양이 맞닿은 끝에 위치한다. 도시는 퍼스와 세계를 잇는 관문으로, 퍼스에서 발견된 황금을 기반으로 성장했다. 제임스 스털링James Stirling 선장이 보았다면 무척이나 뿌듯해했을 광경이었다. 스털링 선장은 앞서 유수의 탐험가들이 대륙의 동부를 향하는 가운데 홀로 서부를 탐험했고, 1827년 퍼스와 프리맨틀을 발견했다.

스털링 선장의 발견은 대륙 서부에 자국민을 정착시키려던 영국 정부의 필요와도 맞물렸다. 당시의 유럽에는 프랑스가 오세아니아 대륙의 서쪽을 노린다는 소문이 파다했고, 영국은 그들을 견제하길 원했던 것이다. 스털링 선장의 지휘 아래, 퍼스를 향하는 이민선은 서둘러 꾸려졌다.

스털링과 그의 일행은 퍼스 일대에 터를 잡았고, 앞서 호주에 처음 정착한 아서 필립Arthur Phillip 선장이 경험했던 것과 비슷한 수순을 밟아 마을을 일궜다. 식수원을 찾거나 땅을 개간해 마을을 형성하고, 일대의 애버리지니 사람들과 관계를 돈독히 하는 것들을 말이다. 대륙의 동부에는 이미 상당수의 영국인들이 정착해 있었으나 서부에는 아무도 없었기에, 그들은 모든 것을 자력自力으로 처음부터 시작해야만 했다.

오랜 친구였던 찰스 프리맨틀Charles Fremantle 경이 함께하지 않았더라면, 스털링 선장은 이런 상황을 홀로 감당해내지 못했을 것이었다. 프리맨틀은 스털링과 친구라는 이유 하나만으로 그의 긴 항해길과 정착 과정을 도왔다. 이곳이 '프리맨틀'이라 명명된 것은 그러한 까닭이다.

그런 프리맨틀에 가는 방법은 두 가지, 페리 또는 기차를 타는 것이다.

1, 2 프리맨틀 시내는 파스텔톤의 배색이 주를 이뤘다.
3, 4 아더 헤드에 세워진 감옥, 라운드 하우스

이왕이면 스완 강의 정취를 만끽하겠다는 생각에 배럭 스트리트^{Barrack Street} 선착장으로 향했다. 하지만 이른 아침에 도착한 선착장에서 "오늘은 배가 안 떠요. 밖에 바람 부는 것 좀 봐요. 배가 어떻게 출항을 하겠어요."라는 매표소 직원의 말을 들어야 했다. 어째 새벽부터 날씨가 심상치 않긴 했지만 이 때문에 페리가 뜨지 못할 줄은 생각지도 못했었다. 별수 없이 발길을 돌려 프리맨틀행 기차표를 끊었다.

좀 전까지 시야를 채우던 퍼스의 화려한 고층 건물들은 어디로 간 것일까? 차창 밖으로는 지난 세기에나 어울릴법한 풍경이 펼쳐졌다. 곧 도착한 프리맨틀의 외관 또한 퍼스의 현대적인 색채와 거리가 멀었다. 건물들은 나직했으며, 파스텔 톤의 배색이 주를 이뤘다. 오늘따라 우중충한 날씨는 눈앞의 풍경에 비현실적인 분위기를 더했다. 런던 코트의 타임리프가 다시금 일어난 것일까? 처음 마주한 도시의 정경은 몽환적이며 낯설었다.

버스를 타고 내린 첫 번째 장소는 아더 헤드Arthur Head로, 스털링 선장이 유니언 잭을 처음 꽂고 일대를 영국령으로 선포한 장소이다. 하지만 아더 헤드에는 스털링 선장을 기리는 기념비도, 도시의 역사를 담은 박물관도 세워져 있지 않았다. 그곳에는 단지 지금은 운영되지 않는 옛 감옥이 남아 있었다. 감옥 이름은 라운드 하우스Round House, 8개의 감방이 중앙 교수대를 중심으로 둥글게round 위치해 있었다. 이곳에서 수감자들은 마주한 감방의 다른 죄수들을 감시하며, 그들로부터 감시받았다.

이후 대륙의 서부로 점차 많은 이들이 이주해오며, 8개의 감방만으로는 죄수들을 수용하는 게 불가능해졌다. 이에 아더 헤드로부터 차로 15분 걸리는 곳에 프리맨틀 감옥Fremantle Prison이 세워졌다. 이곳에는 퍼스와 프리맨틀 일대의 생계형 범죄자들 외에도, 타 도시와 영국으로부터 이송된 중범죄자와 전쟁 포로들이 수감됐다. 그중 이곳의 마지막 사형수는 4년간 8명을 살해하고 14명에게 상해를 입힌 흉악범이었다. 그는 죽기 전 다음과 같은 최종 진술을 남겼다고 전해진다.

"나머지 14명도 죽였어야 했는데."

그에게서 반성의 기미란 찾아볼 수 없었다. 프리맨틀 감옥의 수감자들은 그만큼 잔혹했고, 감옥은 금세 포트 아서에 버금가는 악명을 자랑했다.

그 악명은 현재 프리맨틀 감옥이 고스트 투어 ghost tour를 내세워 관광지로 운영되는 데에 크게 도움이 됐다.

감옥에서 약간 떨어진 곳에는 당시 운영되던 정신병원 병동이 남아 있었다. 포트 아서에서와 같이 프리맨틀 감옥에서도 심리적 고문이 행해졌고, 그 결과로 수감자들이 고질적인 정신병에 시달렸던 까닭이었다. 병동은 현재 프리맨틀 아트 센터Fremantle Arts Centre로 변모한 채, 그 내부에 여러 예술작품들을 전시하고 있었다. 앞뜰에서는 전날 밤을 뜨겁게 달군 음악 콘서트의 흔적도 보였다.

관광지로 탈바꿈한 옛 감옥과 아트 센터로 꾸며진 정신병원은 우리의 상식에서는 한참을 어긋나지만 호주이기에 가능할법한 일들이다. 당시 옛 감옥과 정신병원 건물을 폐쇄하라는 의견이 분분했지만, 상당수의 주민들은 빅토리안 고딕 양식으로 지어진 건물의 외관이 아름답다며 이에 반대했다.

2010년 《선데이 타임스》의 한 기자는 윤리적 이유를 들어 프리맨틀 감옥과 아트 센터의 운영에 대해 문제를 제기했다. 악명 높던 감옥과 정신병원을 관광지로 상품화한 행위는 지나치게

1 프리맨틀 아트 센터는 한때 정신병원 병동으로 사용됐다.
2 프리맨틀 아트 센터의 내부 전시물

상업적이며, 옛 수감자들의 인권을 무시하는 행위라는 것이다. 그는 논리적인 어조로 이 건물들을 철거해야 마땅하다고 주장했다. 하지만 호주 정부와 국민들은 반문했다. "도대체 왜?" 그들은 죄수 유배지였던 자국의 과거가 부끄럽지 않았다. 윤리적 잣대를 들이대기 시작하면 호주 내 유명 관광지의 상당수를 폐쇄해야 한다는 문제도 있었다. 결국 그가 던진 윤리적 의제는 신입 기자의 뭘 모르고 하는 소리로 치부됐다.

이후 프리맨틀은 퍼스에서 채굴되는 황금의 양이 줄어들며 쇠락의 길을 걷는 듯했다. 황금을 기반으로 성장한 도시가 황금이 없어 쇠락함은 당연한 수순이었다. 그러던 즈음 랭 핸콕Lang Hancook은 웨스턴 오스트레일리아 주의 터너 강Turner River 인근에서 다량의 철광석을 발견했다. 웨스턴 오스트레일리아 주에는 다시금 광산업 붐Mining Boom이 일었고, 퍼스에는 제2의 부흥기가 도래했다. 도시의 1인당 평균 수입은 2배 이상 증가했으며, 건물들은 나날이 층을 높여갔다. 프리맨틀 또한 광산업 붐에 힘입어 재도약의 기회를 얻었다. 과거 황금을 실어 나르던 항구는 이제 철광석을 실어 날랐고, 호주에서 네 번째로 번성한 도시의 관문 역할을 감당하게 됐다. 아, 덧붙이자면 핸콕의 삶도 해피엔딩으로 끝났다. 그는 철광석 회사로 시작해 핸콕 광산 그룹을 설립하며 세계적인 갑부의 반열에 올랐다.

하지만 다른 어떠한 이야기들보다 프리맨틀의 진짜 매력은 항구 근처의 피쉬 앤 칩스 가게에서 발견됐다. 해산물은 한 번 튀겨졌음에도 무척이나 신선했고, 주인아저씨는 궂은 날 찾아온 손님에게 새우 몇 점을 덤으로 올려주는 것을 잊지 않았다. 누군가는 피쉬 앤 칩스를 생선을 튀겨내기만 하면 되는 요리라고 무시하지만, 내 생각은 다르다. 반죽의 묽기나 튀김옷의 두께, 튀기는 시간 등 미세한 차이들이 맛을 좌우하는 까다로운 음식이 바로 피쉬 앤 칩스다. 이런 점에서 프리맨틀 항구의 피쉬 앤 칩스는 세 손가락 안에 꼽을 수 있을 정도로 훌륭했다.

▲ 프리맨틀 항구는 황금과 철광석을 실어 나르며 성장했다.
▼ 프리맨틀 항구의 피쉬 앤 칩스

five

레저스포츠의 도시

케언스

주홍
글씨

케언스Cairns*의 눅눅한 공기에 숨이 막혔다. 옷을 벗
어 던지고 당장이라도 물속으로 뛰어들고 싶단 생각만이 머릿속을 가득
채웠다. 간혹 거리에서 마주한 사람들도 모두가 비슷
한 생각을 하는 듯 보였다. 그들의 얼굴은 한결같이
상기돼 있었고, 민소매 티와 짧은 반바지를 입은 이
들이 대다수였다. 간혹 더위를 참다못한 남정네들은

*케언스 시내를 구경하려, 굳이
별도의 시간을 일정에 포함시킬
필요는 없다. 레저스포츠를 즐기
고 난 후의 저녁 시간만으로도
도시를 둘러보기는 충분하다.

웃통을 벗고 거리를 거닐었다. 잠시 더위를 식히려 들린 가게 사정도 크게 다르지 않았다. 더위에 지친 종업원들은 오가는 손님에게 상품을 권할 의욕도 잃은 듯 보였다. 어느 곳을 걸어도 야자수와 낮은 건물들만이 반복되는 이 도시는 이미 태양의 열기를 견디다 못해 패배한 뒤였다.

도시의 분위기는 마치 19세기, 모두가 황금에 미쳐있던 때 이곳을 찾은 사람들이 경험한 무력감과도 같았다. 당시 케언스를 찾은 사람들은 도시 서부의 열대우림에서 황금이 발견되리라 믿어 의심치 않았다. 열대우림의 울창함은 그들의 믿음에 대한 충분한 근거가 되었다. 하지만 몇 달에 걸친 채굴 과정에도 그들은 끝내 황금을 캐낼 수 없었다. 황금이 발견됐다는 소식은 도리어 대륙의 서쪽 퍼스에서 들려왔다. 허탈감, 허무함 그리고 무력감이 그들을 채웠다.

야자수와 낮은 건물들만이 반복되는 케언스 시내

사람들은 이전보다 더욱 케언스의 열대우림에 집착하기 시작했다. 이 대로 포기하기에는 그간 쏟아부은 돈과 시간, 노력이 아까웠다. 계속적인 집착 끝에 그들은 열대우림에서 벌목한 목재들이 쏠쏠한 돈벌이가 된다 는 것을 깨달았다. 그동안의 수고에 상응하는 보상을 얻기까지 그들은 벌 목을 계속했다. 수십 세기에 걸쳐 조성된 열대우림은, 불과 한 세기 만에 황폐해졌다. 이후 호주 정부가 열대우림의 보존 가치를 깨달았을 때는, 이미 일대가 무자비하게 훼손된 후였다. 되돌릴 수 있는 것은 아무것도 없었다.

쿠란다Kuranda 마을은 당시 훼손된 열대우림의 중심에 위치한다. 현재는 관광지로 변모한 마을을 방문하기 위해 쿠란다행 열차를 탔다. 시원스레 달리는 열차의 창밖으로는 평범한 시골 풍경이 이어졌다. 나지막한 집들

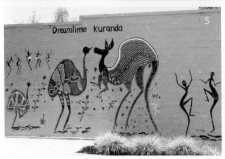

1 케언스를 둘러싼 열대우림

2, 3 쿠란다행 열차는 열대우림에서 벌목된 나무들을 시내로 실어 나르기 위해 개통됐다.

4 부메랑과 디제리두를 파는 쿠란다의 기념품 가게

5 쿠란다 마을의 외벽에 그려진 애버리지니 사람들의 모습

사이로 무성히 자란 수풀만이 이따금 시야를 가렸다.

긴 경적 소리와 함께 열차는 쿠란다 마을에 정차했다. 마을은 무척이나 작고 아담했다. 가게들은 애버리지니 사람들Aborigine Peoples의 수공예품과 그들의 전통악기 디제리두Didgeridoo*를 팔았고, 건물의 외벽에는 애버리지니 사람들이 춤추

> * 디제리두는 애버리지니 사람들의 전통 관악기로, 부메랑과 함께 관광객들에게 인기 있는 기념품이다.

며 뛰노는 모습이 그려져 있었다. 마을은 온통 쿠란다 일대에 삶의 터전을 두었던 자부가이Djabugay 부족의 흔적들로 가득했다.

자부가이 부족은 백인들이 케언스의 열대우림에 발을 딛기 전부터 1000년 넘게 쿠란다에 살아왔다. 하지만 황금을 캐려 총칼을 앞세워 공격하는 백인들에게 그들이 저항할 방도는 없었다. 자부가이 부족 사람들에게 주어진 선택지는 열대우림의 더욱 깊숙한 곳으로 이주하거나 미약한 저항 끝에 목숨을 잃는 것뿐이었다. 간혹 몇몇의 애버리지니 사람들이 백인들의 벌목 과정에 동원됐지만, 그 일이 그들의 삶을 보장해주는 것은 아니었다.

자부가이 부족 사람들의 생활이 나아진 것은 백인들이 뒤늦게나마 열대우림의 가치를 깨달은 후의 일이었다. 호주 정부는 열대우림 일부를 보존 구역으로, 일부는 관광 구역으로 지정했다. 동시에 그들은 열대우림의 무성한 수풀과 몇몇 희귀 동물만으로는 관광객들을 끌어모을 수 없음을 깨달았다. 백인들은 자부가이 부족의 문화를 관광 상품으로 끼워 팔기 시작했다. 부족 사람들로 하여금 나뭇잎 몇 장을 걸치고 춤을 추게 하거나 그들의 예술품을 기념품화하는 식이었다. 자부가이 부족 사람들은 더 이상 끼니나 생사, 생활 터전이 파괴되는 문제에 대해 걱정하지 않아도 되었다. 하지만 그뿐이었다. 기쁨을 표현하기 위해 추던 춤은 수치심을 남겼고, 드림타임을 전승하려 그리던 그림들은 돈만을 목적으로 하게 됐다. 백인들은 그들의 노동에 최소한의 대가만을 제공했으며, 그들은 여전히 존중받지 못하고 있다.

열대우림 깊숙한 곳까지 둘러보고 싶어 아미덕Army Duck을 타기로 했다. 아미덕은 제2차 세계대전 당시 사용됐던 수륙양용차로, 육지와 호수를 자유롭게 오가는 장점을 내세워 종전 후 관광 상품으로 거듭났다. 아미덕을 타고 열대우림을 둘러보는 것은 꽤 인기가 있어 미리 예매해둔 표를 찾아 정류장에 도착했을 때 남는 자리가 없었다. 난처하던 차에 때마침 등장한 가이드 아저씨가 내게 운전석 옆자리를 권했다. 아미덕의 조수석이라니! 카키색의 탐험 모자가 잘 어울리던 가이드 아저씨가 새삼스레 영화 〈인디아나 존스〉 시리즈의 주연 배우인 해리슨 포드를 닮아 보였다.

아미덕은 곧 열대우림 사이를 달리기 시작했다. 아니, 달렸다기보다는 기어갔다는 표현이 적절했다. 주변 식물들을 설명하기에 여념이 없는 가이드 아저씨가 아미덕을 최저 속도로 운전한 까닭이다. 심지어 난 그의 옆자리에 앉았다는 이유로 연신 고개를 끄덕이며 그의 설명들을 경청해야 했다. 물론 재미와는 별개로 이는 매우 유익한 시간이었다. 블랙와틀Black Wattle, 워킹스틱팜Walking Stick Palm, 페이퍼박트리Paperbark tree, 터마이트네스트

Termites Nest 처럼 생소한 나무 이름들이 여태 잊히지 않으니 말이다.

오늘날 쿠란다는 과거의 상흔은 찾아볼 수 없을 만큼 반듯한 마을로 발전했다. 하지만 그럼에도 호주 사람들에게 남은 주홍글씨는 여태껏 지워지지 않고 있다. 밑동만 남아 있는 나무들과 붉은 속살이 드러난 토양은 곳곳에서 지난 과오를 상기시켰다. 그들의 실수는 쿠란다의 주변 마을들에도 남아 있으며, 이를 회복하려는 노력은 여전히 현재진행형이다.

아미덕의 가이드 아저씨는
주변 식물들을 설명하기에 여념이 없었다.

육지와 호수를 자유롭게 오가는 아미덕

케언스의
하늘을 달리다

　　스카이다이빙을 결심한 것은 시드니에서 동행했던 리 언니의 추천 때문이었다. 리 언니는 시드니에서의 어느 하루, 스카이다이빙을 즐겼다. 그녀의 표현을 빌리자면 스카이다이빙은 호주의 어느 유명 건축물, 가령 시드니의 오페라 하우스^{Opera House} 를 보는 것 이상으로 인상 깊은 경험이었다.

　　하지만 케언스 시내의 스카이다이빙 센터에 발을 디딘 순간 스카이다이빙에 대한 설렘과 기대감은 극심한 두려움과 후회로 돌변했다. 영국식 단위 개념인 피트(ft.)가 와 닿지 않아 쉽게 생각했던 1만 4000ft 상공에서의 낙하는 사실상 4.27km 상공에서 뛰어내리는 것이었다. 여의도의 63빌딩을 17개나 얹어 놓은 높이에서 말이다.

　　나의 불안한 마음을 읽은 것인지 맑았던 하늘은 돌연 흐려졌다. 야자수

케언스의 스카이다이빙 센터

들은 바람에 심하게 흔들렸고, 앵무새들은 꺅꺅대며 나무 사이를 오갔다. 느닷없는 날씨 변화에 당황한 것은 앵무새만이 아니었다. 스카이다이빙 센터의 직원은 어디론가 급히 전화를 돌렸고, 잠시 후 기상 악화로 다이빙이 취소될 수도 있음을 알려왔다. 개인적 사유가 아닌, 기상 환경에 의한 취소 시에는 전액 환불이 가능하다는 안내와 함께였다. 직원에게 유감을 표한 것과는 달리 속마음은 벌써 안도감으로 차올랐다. 직원은 소나기일 확률이 높다며 조금만 더 기다려보자고 했지만, 난 이미 모든 것이 강한 태풍의 징조이길 희망하는 중이었다.

스카이다이빙 사전 교육은 날씨와 상관없이 예정대로 진행됐다. 교육 비디오에는 경비행기를 타고 하늘을 향하는 순간부터 땅에 착지하기까지 필요한 모든 안내가 담겨 있었다. 영상에 따르면 스카이다이빙 참가자들은 경비행기에서 뛰어내린 즉시 자유낙하를 경험하게 되는데, 이때 참가자들은 양팔과 양다리를 날다람쥐처럼 뻗어야 했다. 낙하산이 펼쳐진 후에는 몸을 최대한 수직으로 유지해야 하고, 최종 착지 시에는 몸을 'ㄴ'자로 접어 땅과의 마찰을 최대한 줄이는 것이 중요했다.

착지자세에 대한 설명을 끝으로 비디오 화면은 흑백으로 전환됐다. 그리고 이를 기다렸다는 듯이 센터의 직원은 환한 미소와 함께 내게 다가왔다.

"고객님, 축하드려요! 경비행장 날씨는 벌써 맑아졌다고 하네요. 스카이다이빙은 예정대로 진행됩니다. 음, 이제 체중만 재시면 되겠네요."

그녀의 손에 이끌려 올라간 체중계의 수치는 안중에 들어오지 않았다. 갑자기 배가 이유 없이 아프기 시작했다. 마치 뱃속에서 나비가 퍼덕이는 느낌이었다(There is a butterfly in my stomach). 얼떨결에 봉고차에 올라타 경비행기 비행장에 도착했다. 오늘의 비행을 함께할 파트너, 맥스^{Max} 아저씨와는 그곳에서 만났다. 그는 밝은 인사와 함께 기념 영상의 촬영을 시작했는데, 훗날 확인한 영상에서 난 연신 떨떠름한 표정과 억지 미소를 지으며 "좋아요^{Good}!"와 "굉장해요^{Awesome}!"만을 반복하고 있었다. 그러나

맥스 아저씨의 고도 측정계

경비행기의 창밖으로 펼쳐진 광경

누가 보더라도 나의 표정은 전혀 좋거나 굉장해 보이지 않았다.

경비행기는 천천히 큰 원을 그리며 고도를 높였다. 맥스 아저씨의 손목에 채워진 고도 측정계의 바늘은 하염없이 수치가 높아졌다. 비행기의 창밖으로는 산과 바다, 들판이 어우러져 근사한 풍경을 빚어냈지만 내게는 이를 감상할 여유가 없었다. 그 와중에 맥스 아저씨는 내게 끊임없이 비디오카메라를 보고 인사를 하거나, 비행을 하는 소감, 스카이다이빙에 임하는 각오 등을 말해주길 요구했다. 당장 1분 후의 상황이 예측되지 않아 불안한 가운데, 모든 의사소통을 영어로 해야만 하는 것처럼 좋지 않은 일이 또 있을까?

이런 속사정도 모른 채 경비행기는 어느덧 1만 4000ft 상공에 도달했다. 비행기 문이 열렸다. 시간을 끌며 최대한 늦게 비행기에 올라탔기에 내 자리는 문에서 두 번째로 가까웠다. 앞사람이 시야에서 사라지고, 그의 비명이 희미해진 순간.

"준비됐죠? 3, 2……."

1은 온데간데없는 신호와 함께 난 하늘로 떨어졌다.

스카이다이빙 회사들은 여행객들을 향해 흔히 다음과 같은 문구를 내건다.

"당신은 1만 4000ft 상공에서 떨어질 때, 아드레날린이 온몸을 채우는 짜릿함을 느끼게 될 겁니다! 주저하지 말고 지금 당장 신청하세요!"

하지만 대다수의 경우가 그러하듯 광고 문구와 현실은 일치하지 않았다. 아드레날린이 온몸을 채우기도 전에 자유낙하는 시작됐다. 그와 동시에 날 잠식한 것은 어른들이 키 크는 꿈이라고 말하는, 무한한 심연으로 떨어질 때와 같은 기분이었다. 심지어 충분히 떨어졌다 싶으면 깨어나는 꿈에서와 달리, 현실에서는 '이쯤이면 충분해'라고 느낀 순간 모든 것이 본격적으로 시작됐다.

처음 경험하는 자유낙하에 정신을 못 차리던 날 깨운 이는 맥스 아저씨였다. 그는 내 어깨를 두어 번 두드렸고, 난 그제야 눈을 뜨고 지상을 내려다볼 수 있었다. 그 모습은 뭐랄까. 마치 레고로 지어진 작은 마을을 내려다보는 기분이었다. 양팔과 양다리를 길게 뻗어 공기의 저항을 최대한으로 늘렸지만, 그럼에도 중력은 어떻게든 날 땅으로 끌어내리려 애썼다.

맥스 아저씨가 낙하산을 펼치기까지 자유낙하는 계속됐다. 그리고 낙하산이 펴짐과 동시에 몸은 순간적으로 두둥실 떠오르며 수직으로 곧게 섰다. 아저씨는 내가 수직 비행에 충분히 적응했음을 확인하더니, 내 손에 낙하산의 양 끝을 쥐어주었다. 그는 바람의 흐름에 따라 오른팔과 왼팔을 당기도록 신호를 주었다. 오른팔을 당기면 오른쪽으로, 왼팔을 당기면 왼쪽으로 낙하산은 큰 곡선을 그리며 휘어졌다. 공기의 저항을 듬뿍 받은 낙하산의 무게를 견디기란 쉽지 않았지만, 손을 놓치는 순간 발생할 불상사를 생각하면 버티는 수밖에 없었다.

맥스 아저씨가 다시 낙하산의 손잡이를 건네받으며, 우리는 차츰 땅에 가까워졌다. 이제 'ㄴ'자가 되도록 몸을 굽힐 순간이었다. 착지와 동시에 몸은 낙하산이 온전히 내려앉기까지 적잖은 진동과 함께 앞으로 밀려나갔다. 신발의 뒤축이 잔디를 실컷 긁어낸 후에야 오늘의 비행은 끝이 났다. 온몸을 감싸던 긴장감은 그제야 풀어졌다. 방금까지 내가 얼마나 특별한 경험을 했는지에 대한 감상도 그제야 밀려왔다.

방금 전까지 느꼈던 스릴감과는 무관하게 도시는 여전히 무더웠다. 아무래도 한낮의 케언스를 즐기기 위한 방법은 호주의 펍pub 문화뿐인 듯했다. 비슷비슷한 골목들의 사이를 헤매다 제법 큰 규모의 아일랜드식 펍에 들어갔다. 호주에서 펍은 술과 음료, 음식을 파는 대중적인 술집을 가리키며, '대중적인'이란 수식어가 붙는 만큼 식사만 하려는 손님들도 즐겨 찾곤 한다.

맥주 한 잔을 곁에 두고 옆 테이블 손님과의 잡담을 나눴다. 곧이어 주인아저씨가 내온 음식은, 그 맛이 무척 훌륭했다. 인기 있는 펍의 음식들은 유명 레스토랑과 비교해도 손색이 없다는 게 사실이었다. 극도의 긴장감을 경험한 후의 맥주 한 잔과 맛 좋은 식사는 지친 심신을 달래기에 충분했다.

펍을 나와 천천히 걸어간 곳은 에스플러네이드 라군Esplanade Lagoon으로, '산책로'를 뜻하는 에스플러네이드와 '석호潟湖'를 뜻하는 라군이 합쳐져 지명이 된 곳이었다. 일부 사람들은 산책로를 따라 걸었고, 다른 이들은 석호를 찾은 철새 떼를 카메라에 담아내느라 바빴다. 석호의 맞은편에 조성된 인공 수영장에서 몸을 식히는 이들도 있었다. 보는 것만으로도 더위가 가시는 광경에 수영복을 챙겨오지 못한 것이 못내 아쉬웠다.

◀ 석호를 따라 만들어진 산책로, 에스플러네이드 라군
▶ 에스플러네이드 라군의 철새를 바라보는 사람들

에스플래네이드 라군의 인공 수영장

날은 곧 저물기 시작했다. 대낮에는 어느 곳에 숨어 있었는지 알 수 없던 수많은 사람들이 에스플러네이드로 몰려들었다. 그들은 친구나 친지들과 모여 앉아 해 질 녘의 여유를 즐겼고, 일부는 라군 한편에 조성된 바비큐장에서 그들만의 저녁 만찬을 시작했다. 사람들이 충분히 모였다 싶을 즈음에 저글링이나 버스킹을 하는 이들이 등장했다. 한 아저씨는 멋들어진 플루트 연주를 선보였는데, 분명 들어본 적이 있는 노래건만 도무지 제목이 기억나지 않았다.

에스플러네이드 맞은편에 위치한 케언스의 야시장Night Markets에 불이 켜진 것도 이때였다. 앞서 이곳을 여행한 친구에게서 저렴한 가격에 양질의 크레이프를 맛볼 수 있다는 얘길 듣고 찾아간 가게는 손님들로 문전성시를 이뤘다. 케언스의 진면목은 하루가 저물어 갈 즈음에야 비로소 드러났다.

▲ 해 질 녘의 에스플러네이드 라군은 사람들로 북적였다.
▼ 케언스 야시장. 늦은 시간까지 쇼핑과 식사를 즐길 수 있다.

니모를
찾아서

케언스 주변의 자연환경은 지구 어느 곳에서도 찾아보기 힘들 정도로 특별하다. 도시의 서쪽은 광활한 열대우림이, 동쪽 해안가는 거대한 산호초가 둘러싸고 있으니 말이다. 그중 오늘은 그레이트 배리어 리프Great Barrier Reef라고 불리는, 케언스 동부 해안가의 거대한 산호초 집단을 방문할 예정이었다.

그레이트 배리어 리프의 거대함은 다음의 한 문장으로 소개되곤 한다. "중국의 만리장성과 함께 달에서 볼 수 있는 유일한 지형지물." 그러니 케언스행 비행기에서도 이 거대한 산호초 집단을 볼 수 있음은 당연했다. 케언스 앞바다는 그 속에 품은 산호를 투명하게 비춰낼 만큼 맑았고, 산호초 집단은 바다보다 짙은 에메랄드빛을 띠었다.

▲ 케언스행 비행기에서 바라본 그레이트 배리어 리프

▼ 1500여 종의 어류가 그레이트 배리어 리프에 서식한다.

좀 더 구체적인 수치를 들어 자세히 살펴보자. 그레이트 배리어 리프의 길이는 측정 방식에 따라 다소 차이가 있지만, 최소 2000km에서 최대 2600km에 달한다. 그 정확한 크기에 대해서는 학자들마다 이견을 보이지만, 그들 모두 산호초 집단이 매해 25cm씩 성장한다는 것에는 동의한다. 그뿐만 아니라 그레이트 배리어 리프의 주변에는 적게는 3000개, 많게는 3만 5000개에 달하는 산호 개체가 생장하며, 1500여 종의 어류가 서식한다. 산호초 지대는 바닷속 어느 곳보다 산소 함량이 높으며, 먹이가 풍부하기 때문이다. 즉, 그레이트 배리어 리프는 스스로 성장함과 동시에 인근 해양 생태계의 존폐까지 책임지고 있는 셈이다.

그렇다면 그레이트 배리어 리프는 광석일까? 식물일까? 동물일까? 산호초 집단은 단단해 보이는 외양으로 종종 광석류로 오해받지만 엄연히 해양 동물군에 속한다. 실제로 그레이트 배리어 리프는 촉수에서 자라는 식물성 플랑크톤에 힘입어 광합성을 하거나, 독을 뿜어 주변 물고기와 갑각류를 사냥해 잡아먹는다. 동물이 아니라면 불가능한 특징들을 보이는 것이다.

그레이트 배리어 리프행 배는 말린 제티^{Marlin Jetty}, 번역하자면 '청새치 부두'에서 출항했다. 배의 선실은 먼저 도착한 이들로 분주했고, 건네받은 잠수복은 축축해 찝찝했지만 별다른 선택권은 없었다. 전날 손님이 벗어둔 것을 제대로 말리지 못했는지 모든 잠수복이 그러했다. 차선으로 내 얼굴형과 발 사이즈에 맞는 스노클과 오리발을 고르기 위해 애쓸 뿐이었다.

배는 적잖이 흔들렸기 때문에 뱃멀미를 피하려면 억지로라도 잠을 청해야 했다. 하지만 눈을 감고 파도의 흐름에 몸을 맡긴 것도 잠시, 선원들이 승객들 사이를 오가며 간단한 설문지 작성을 요청했다. 설문 항목은 이름, 성별, 나이와 같은 기본적인 인적 사항 외에도 불의의 사고에 대비한 비상연락처를 묻고 있었다. 사고에 대한 책임을 일체 본인이 지겠다는 서명 요구도 함께였다. 문득 엄습한 불안감은 괜한 것일까?

　항해는 순조롭게 이어졌다. 하늘은 구름 한 점 없이 맑았고, 파도 또한 금세 잔잔해졌다. 선실 밖에서는 비키니 수영복 차림의 사람들이 선탠을 즐겼고, 안에서는 서로 통성명을 하며 담소를 나눴다. 유유자적한 시간은 스노클링과 스쿠버다이빙을 즐기기 위한 기본 교육이 시작되며 끝이 났다. 다이빙 강사는 입으로 숨을 마시고 코로 내뱉는 방법에 대해 장황히 설명했고, 승객들은 스노클을 착용한 채 이를 반복해 연습해야 했다.

　그의 설명이 끝나감과 동시에 배는 서서히 속도를 줄였다. 선원들은 분주히 닻을 내렸고, 강사는 마지막까지 스노클링과 스쿠버다이빙의 주의

◀ 그레이트 배리어 리프에 정박한 유람선
▲ 스노클링은 해수면에 떠서 바다 수영을 즐기는 해양 스포츠다

사항을 숙지시켰다. 곧 선내에는 스노클링을 즐길 시간이라는 안내방송
이 흘러나왔다.

산소통을 매고 바다 깊숙이 헤엄쳐 들어가는
스쿠버다이빙과 달리, 스노클링*은 해수면에 떠
서 혹은 해수면 5m 내외를 오가며, 바다 수영을
즐기는 해양 스포츠다. 스노클링을 즐기기 위해
필요한 것은 스노클과 오리발뿐, 별다른 준비물이
요구되지 않았다. 군이 조금을 더 찾아보라면 단지 배의 한편에 만들어진
임시 계단, 그 마지막 층계에서 발을 떼어낼 용기랄까?

배의 임시 계단에서 발을 뗀 것과 동시에 바닷물이 온몸을 적셨다. 오
리발을 착용해서 몇 번의 발길질만으로도 어렵지 않게 배에서 멀어졌지
만, 바다 수영은 수영장에서 즐기던 것과는 판이한 느낌을 주었다. 수영장
에서는 숨이 차거나 다리에 쥐가 날 경우 언제든 팔을 뻗어 레일이나 외

* 수영을 못해 스노클링과 스쿠버다
이빙을 즐기기가 부담스럽다면, 씨워
커 헬멧 드라이브(Seawalker Helmet
Drive)에 도전해보자. 산소를 공급해
주는 헬멧을 쓰고 바다 속의 난간을
따라 걸으며, 그레이트 배리어 리프
를 즐길 수 있다.

벽을 잡을 수 있다는 안정감이 존재했다. 원할 때면 언제든 몸을 일으켜 세워 발로 바닥을 디딜 수도 있었다. 하지만 스노클링 중에는 모든 것이 달랐다. 저 멀리 정박된 유람선 외에는 몸을 기댈 곳도, 발을 디딜 곳도 존재하지 않았다.

문득 날 둘러싼 상황들이 보다 극명히 와 닿았다. 공포감, 발밑의 무한한 공간에 대한 불신감이 엄습했다. 그리고 순간적으로 난 물에 뜨는 법을 잊고 말았다. 본능적으로 터득한 부력은 두려움에 의해 본능이 정지된 순간 아무런 도움이 되지 못했다.

"괜찮아요? 잡아줄까요?"

같은 배의 승객으로 보이는 이의 목소리가 들려온 것은, 심해가 날 잡아당기려 하는 바로 그 순간이었다. 그녀는 도움이 필요한지를 물었고, 괜찮다면 함께 스노클링을 즐기자고 제안해왔다. 별다른 말은 필요하지 않았다. 바다 수영을 즐기기 위한 유일한 조건은, 위급 시 날 발견해줄 누군가가 있다는 안도감뿐이었다.

어느덧 유람선에서 경적 소리가 들려왔다. 초보자가 바다 수영을 장시간 즐길 경우 체력이 급격히 저하될 수 있기에 휴식을 권하는 소리였다. 스쿠버다이빙을 신청한 사람들은 오전과 오후로 나뉜 두 차례의 다이빙 중 1차 시기를 도전할 시간이기도 했다.

스쿠버다이빙은 스노클링과 달리 실전에 앞서 복잡한 절차를 필요로 했다. 우선 지원자들은 산소통에 의존해 숨 쉬는 연습을 해야 했다. 산소통은 생각보다 꽤 무거웠다. 스노클링을 하며 익숙해졌다고 생각한, 입으로 숨을 마시고 코로 내쉬는 방법도 갑작스레 낯설어졌다. 산소통을 매고 있음에도 호흡이 곤란한 상황, 결국 난 '도무지 가망이 없다'는 평가와 함께 배로 들어 올려져야 했다.

이런 암담한 상황에서 스쿠버다이빙 조교 루시^{Lucy}와 만났다. 배의 구석에서 스쿠버다이빙의 환불 조항을 설명 듣던 중 그녀는 내게 다가와 사정을 물었다. 그리고 스쿠버다이빙의 첫 번째 시기에 실패하는 것은 누구나 경험하는 일이라며, 위로를 아끼지 않았다. 본인도 한때 바다를 두려워했으며, 이를 극복하고 마주한 바닷속 풍경이 얼마나 아름다웠는지도 말해 주었다. 그리고 그녀는 혹시 괜찮다면, 자신이 동행할 테니 스쿠버다이빙을 한 번 더 시도하지 않겠냐며 권해왔다.

루시와 함께 들어간 바닷속에는 색색의 산호와 이름 모를 물고기들로 즐비했다. 모래에 반쯤 파묻힌 대왕조개는 갑작스레 입을 닫아 길 가던 물고기 한 마리를 집어삼키는 모습도 보여주었다. 바다거북이나 물고기 떼의 등장에 무게중심을 잃는 일은 일어나지 않았지만, 그럼에도 바닷물에 몸을 맡기고, 물살을 가르는 것은 충분히 환상적인 경험이었다. 애니메이션 〈니모를 찾아서〉의 초반 10분과 같은 광경이 눈앞에서 펼쳐졌다.

루시와의 스쿠버다이빙을 끝으로 그레이트 배리어 리프에서의 공식적인 일정은 끝이 났다. 원한다면 스노클링을 좀 더 즐길 수 있었지만, 그러기엔 온몸이 벌써 나른했다. 눈을 감고 잠시 잠을 청하려던 찰나 누군가 내 이름을 부르는 소리가 들렸다. 목소리의 주인공은 루시였다. 그녀는 내 이름이 쓰인 스쿠버다이빙 수료증을 들고, 생애 첫 다이빙에 대한 축하 인사를 건넸다.

그레이트 배리어 리프에서의 그레이트great한 하루는 이렇게 막을 내렸다.

six

선샤인 스테이트의 주도
브리즈번

브리즈번
강을 따라서

        대륙의 동부 연안을 따라 위치한 브리즈번^{Brisbane}. 이곳은 시드니^{Sydney}와 멜버른^{Melbourne}을 뒤이어 호주 제3의 도시라 불린다. 도시는 '선샤인 스테이트^{Sunshine State}'란 퀸즐랜드 주의 별명대로 연중 화창하며, 간혹 무척이나 운이 좋지 않은 날을 제외하고는 비가 거의 내리지 않는다. 혹여나 비가 내리더라도 소나기로 그치는 것이 대부분이라 브리

사우스뱅크에 만들어진 인공 해변,
스트리트 비치

즈번 주민들은 군이 우산을 챙기지 않는다. 이런 날씨 때문에 멜버른은 유독 브리즈번을 동경한다. 연중 변덕스러운 날씨에 시달리는 그들에게는 브리즈번의 햇빛만큼 부러운 것이 없는 까닭이다.

브리즈번을 둘러보는 것은 사우스뱅크Southbank에서 시작됐다. 이곳은 브리즈번 강Brisbane River의 남쪽에 위치하며 이국적인 레스토랑과 카페, 그리고 다양한 문화 예술 공간으로 유명하다. 산책로를 따라서는 보랏빛 꽃들이 넝쿨째 둘러져 있었고, 화창한 햇빛 아래 꽃내음은 주변을 가득 채웠다. 스트리트 비치Street Beach에서 만난 브리즈번 주민들의 태도 또한 인상적이었다. 그들은 도시 한복판에 마련된 인공 해변에서 주변의 시선은 아랑곳 않고 수영을 하거나 비키니 차림으로 선탠을 즐겼다. 빨간 모자를 쓴

사우스뱅크 초입에 위치한 대형 관람차

브리즈번 강과 스토리 브리지

안전요원은 이곳이 진짜 바닷가라도 되는 양 그들 주변을 서성이며 순찰을 돌았다. 해변을 둘러싼 야자수를 벗어나면 곧장 대도시의 번잡한 풍경이 펼쳐진다는 사실을 모두가 망각한 듯했다.

그들과 함께 바닷물에 몸을 담글 용기는 없었기에 약간을 더 걸어 근처의 페리 선착장으로 향했다. 페리를 타고 브리즈번 강을 따라 이동해 캥거루 포인트Kangaroo Point 전망대에 갈 작정이었다. 상공에서 내려다본 모습이 캥거루 꼬리를 닮았다 하여 이름 붙여진 곳이었다.

머지않아 시티캣City Cat, '도시 고양이'란 이름을 내건 페리가 들어섰다. 고양이들이 물을 죽도록 싫어한다는 사실을 생각할 때, 페리 이름은 약간

의 실소를 자아냈다. 이름과 무관하게 시티캣은 브리즈번 강을 따라 순조로운 항해를 시작했다. 강의 남쪽으로는 브리즈번 특유의 스카이라인이, 북쪽으로는 가파른 절벽 지대가 이어졌다.

페리는 곧 캥거루 포인트 전망대에 도착했는데, 전망대의 광경 못지않게 스토리 브리지Story Bridge의 자태가 시선을 잡아 끌었다. 그것은 미묘한 기시감 때문이었다. 다리는 시드니의 하버 브리지Harbour Bridge와 크기만 다를 뿐 당황스러울 만큼 닮아 있었다.

스토리 브리지가 애초에 시드니를 모방하려는 목적에서 지어졌다는 사실을 듣고서야 나의 의아함은 풀렸다. 스토리 브리지가 설계될 당시 퀸즐랜드 주정부는 하버 브리지의 건축 담당자였던 존 브래드필드John Bradfield를 초청해, 대놓고 그와 유사한 다리를 지어주길 부탁했다. 다소 상식적이지 않은 일련의 상황은 다음의 이야기로부터 비롯됐다.

19세기 호주는 뉴 사우스 웨일스 주, 빅토리아 주, 퀸즐랜드 주, 웨스턴 오스트레일리아 주, 사우스 오스트레일리아 주, 그리고 태즈메이니아 주 등 6개의 주로 이뤄진 영국의 식민지였다. 그들은 영국 정부로부터 최소한의 간섭을 받으며, 각 주마다 자체적으로 정치, 경제, 사회 문제들을 치리治理해왔다.

호주는 발전에 발전을 거듭했고, 머지않아 영국 정부는 우후죽순으로 늘어나는 도시와 마을들을 관리하는 데 어려움을 느꼈다. 그 대안으로 영국은 호주 전역의 통치권을 뉴 사우스 웨일스 주의 총독에게 일임했다. 대신 그에게 요구한 것은 이전과 같은 금액의 정기적인 세금 납부뿐이었다.

하지만 뉴 사우스 웨일스 주의 총독은 각 주에 세금, 그 이상을 요구하기 시작했다. 바로 뉴 사우스 웨일스 주의 식민 주州로 거듭나라는 것. 그는 과거 영국이 지녔던 주권을 동일하게 행사하기를 원했고, 다른 5개 주는 당연히 이에 반발했다. 그들은 계속해서 영국과 개별적으로 교류하며, 독립적으로 주의 이권을 챙기길 원했다.

결국 1825년과 1828년에 태즈메이니아 주와 웨스턴 오스트레일리아 주가 각각 독립을 선언했다. 두 곳은 뉴 사우스 웨일스 주로부터 상대적으로 거리가 멀었기에 보다 쉽게 독립을 꾀할 수 있었다. 이후 1836년에는 사우스 오스트레일리아 주가, 1851년과 1859년에는 빅토리아 주와 퀸즐랜드 주가 각각 그들의 주권을 되찾았다.

가장 독립이 늦었던 퀸즐랜드는 주의 위상을 높이려 누구보다 큰 노력을 기울였다. 우선 그들은 여왕의 땅Queen's Land을 표방하며 영국과의 연관성을 강조했다. 거리에는 에드워드, 윌리엄, 엘리자베스, 메리와 같은 영국 왕족의 이름을 붙였다. 그들은 영국의 흔적이 깊이 묻어나올수록 주의 위상이 높아지리라 믿었다.

브리즈번이 시드니를 모방한 것도 같은 맥락의 일이었다. 비록 시드니의 지배하에 놓였던 과거는 잊고 싶었지만, 멀리 있는 영국보다는 시드니가 본뜨기 편한 건 사실이었다. 그들은 시드니가 호주 대표 도시로 성장한 원인을 분석하고 도시를 시드니처럼 가꾸기 시작했다. 시드니를 뛰어넘지는 못하더라도 시드니만큼 발전한 도시가 되리라는 의지의 발로였다.

브리즈번의 도심으로 돌아가는 길. 트레저리 카지노Treasury Casino*가 멀리서부터 화려한 불빛을 뿜어냈다. 이곳은 미국의 라스베이거스를 뒤잇는,

'브리즈베가스Bris Vegas'란 별칭을 브리즈번에 안겨준 주된 요인이었다. 문득 한 번도 가본 적 없는 미지의 장소에 대한 호기심이 일었다. 미성년자가 아닌지는 꽤 시간이 지났으니, 카지노에 잠시 들린다 해서 문제될 것은 없었다.

* 골드 코스트의 주피터 카지노(Jupiters Casino), 멜버른의 크라운 카지(Crown Casino)와 함께, 호주의 3대 카지노 중 한 곳으로 꼽힌다. 호주의 도박 산업은 세계 최대 규모에 달하며, 국가 수입의 10%를 차지한다.

카지노는 입구에서부터 떠들썩함이 전해왔다. 중앙의 스탠딩 바를 지나자 영화에서나 보던 장면이 펼쳐졌다. 딜러의 손놀림에 따라 카드가 나뉘었고, 손님들은 탁자에 둘러앉아 칩을 배팅했다. 게임에 참여하지 않는 사람들은 주변을 둘러싸고 함성과 야유로 분위기를 돋웠다.

게임 테이블이 늘어선 홀의 끝은 슬롯머신이 가득한 또 다른 방으로 연결됐다. 숫자가 돌아가거나 동전이 떨어지는 소리, 이 둘에 의해 사람들은 천국과 지옥을 오갔다. 그들 사이를 오가며 살펴보니 슬롯머신의 룰은 생각보다 간단했다. 약간의 망설임 끝에 카운터를 찾아 20달러 지폐를 동전으로 바꿨다. 빈 슬롯머신을 찾아 자리를 잡는 것도 금방이었다. 하지만 초심자의 행운 따위는 존재하지 않았다. 10분도 채 지나지 않아, 20달러를 고스란히 잃고 브리즈번의 길거리로 쫓기듯 나왔다. 이를 기다렸다는 듯이 하늘에서는 소나기가 쏟아졌다. 여행자들이 좀처럼 만나기 어렵다는 브리즈번의 비. 웃어야 할지 울어야 할지 참으로 알 수 없는 하루였다.

낮 시간대의
트레저리 카지노

금빛 해변,
금빛 기억

　　이른 새벽, 골드 코스트Gold Coast로 가기 위해 브리즈 번 시내의 기차역으로 향했다. 한산한 거리와는 달리 역 내에는 인파로 분주했다. 앞으로 2시간 후면 세계적인 휴양지 골드 코스트의 해변을 거닐고 있을 것이었다.

　　골드 코스트는 으레 다음과 같은 문장으로 소개된다. '기나긴 여행에 지친 배낭여행자들이 잠시의 휴식을 누리는 도시', '신혼부부들이 허니문을 즐기려 찾곤 하는 도시'. 황금gold 해안coast이란 이름답게 아름다운 해변 덕분에 쌓은 명성이었다. 특히 그 유명세의 중심에는 서퍼스 파라다이스Surfers Paradise가 있었다. 서핑과 수영 등 다양한 해양 스포츠를 즐길 수 있어 '서퍼들의 천국'으로 알려진 명소이다.

　　하지만 골드 코스트가 본디부터 사람들의 애정을 받는 도시는 아니었다. 한때 이곳은 땅이 척박하고 소금기가 짙어 농사를 지을 수 없다는 이유로 모두로부터 외면당했다. 변화는 1925년 짐 카빌Jim Cavill의 등장과 함께 시작됐다.

카빌은 브리즈번 출신의 젊고 유망한 호텔리어였다. 자신만의 호텔을 운영하겠다는 결심을 하고 장소를 물색하던 중 그는 골드 코스트를 호텔 입지로 선택했다. 카빌은 한때 이곳에 자리했던 메인 비치 Main Beach 호텔이

서퍼들의 천국, 서퍼스 파라다이스

얼마나 화려한 명성을 갖고 있었고, 얼마나 많은 사람들로 붐볐는지 알고 있었다. 비록 호텔의 주인이던 요한 메이어Johan Mayer가 유명을 달리함과 동시에 쇠락을 경험했지만 말이다.

그러나 호텔이 쇠락한 이유는 마땅한 관리인을 만나지 못해서였지 골드 코스트의 매력이 부족했기 때문이 아니었다. 이곳은 휴양지로는 최적의 장소였다. 카빌은 메인 비치 호텔의 옛 터에 서퍼스 파라다이스 호텔을 세웠고, 많은 사람들이 호텔로 찾아올 것이라 생각한 그의 예상은 적중했다. 호텔의 개장과 동시에 사람들은 기다렸단 듯이 골드 코스트로 몰렸다. 인근에는 가게와 레스토랑, 여타 숙박시설들이 분주히 들어섰다. 호텔 주변 시설이 풍족해질수록 관광객은 더욱 늘어났고, 일련의 선순환 구조하에 일대는 발전을 거듭했다. 무채색에 불과하던 해변이 황금빛으로 덧입혀지는 건 순식간이었다.

서퍼스 파라다이스의 탈의실 벽면에 붙은 흑백 사진에서 골드 코스트 옛 해변의 모습을 감상할 수 있었다. 사진 속 여자들이 비키니가 아닌 원피스 수영복을 입고 있다는 사실을 제외하면 현재와 무엇 하나 다를 바 없는 모습이었다. 당시의 열기를 고스란히 간직한, 아니 그때보다 몇 배는 부흥한 오늘날의 서퍼스 파라다이스를 보았다면 카빌이 무척이나 기뻐했으리란 생각이 들었다.

서퍼스 파라다이스를 둘러보기도 잠시, 비앙카Bianca가 근처라며 전화를 걸어왔다. 그녀는 금발 머리에 하얀 피부를 가진 전형적인 백인계 호주인이다. 우리는 학기가 시작된 첫날, 국제마케팅론 강의를 들으며 친해졌다. 한 학기 동안 마케팅 프로젝트를 수행할 조를 짜라는 교수님의 말씀에, 그녀는 스스

브로드 비치. 골드 코스트의 해변들 중 가장 광대한(broad) 길이를 자랑한다.

럼없이 내게로 다가와 말을 붙였다. 영어가 모국어가 아닌 나와의 조모임이 쉽지 않을 것임을 알았을 텐데도 말이다.

훗날 어째서 나와 한 조가 되길 원했냐는 질문에 비앙카는 답했다. "그냥 나랑 제일 가까운 자리에 네가 앉아 있었어." 그녀는 이후로도 날 한국인 친구가 아닌, 그냥 친구로 대해주었다. 그녀가 아무렇지 않게 건넨 말들이 내게는 얼마나 큰 위로였는지 모른다. 호주의 여타 학생들에게는 서구적인 것은 보편적이며 타당하지만, 동양적인 것은 국지적이며 특수하다는 사고방식이 내재되어 있는 경우가 많았다. 일례로 무리에서 영미권과 아시아권 학생들 중 누구의 비율이 많은지와 무관하게, 나는 늘 자국의 문화를 소개함에 앞서 문화 차이에 대한 이해를 구해야 했다. 하지만 비앙카는 달랐다. 그녀는 여느 서구권 학생들과 달리 아시아 문화를 그저 보편타당한 것으로 대해주었기에, 우리는 더욱 가까워질 수 있었다. 골드 코스트에 방문한 것도 비앙카가 날 자신의 본가에 초대해주었기 때문이었다.

바닷물에 본격적으로 몸을 담그는 것은 내일로 미루고, 우리는 근처 스테이크 가게를 찾아가 함께하는 첫 끼니를 해결했다. 어떻게 하면 골드 코스트에서 최고의 며칠을 보낼 수 있을지 조잘거리기도 잠시, 먹고 마시길 마친 우리는 브로드 비치Broad beach까지 이어진 금빛 해안선을 따라 걸었다. 브로드 비치는 57km에 달하는 골드 코스트의 여러 해변* 중 가장 광대한broad 길이를 자랑하는 해변이다.

맨발로 해변을 걸으며 발가락 사이로 느껴지는 모래의 감촉은 충분히 보슬거렸다. 모래 알갱이들은 불규칙하게 발을 간질였고, 제 흥에 겨운 파도 소리는 나름의 리듬감으로 아름다운 노랫소리를 들려줬다. 서둘러 내일이 되어 이 멋진 해변에서 서핑을 배울 수 있기를 고대했다.

* 벌리 헤즈 비치(Burleigh Heads Beach), 쿨랑가타 비치(Coolangatta Beach), 팜 비치(Palm Beach) 등이 골드 코스트의 대표적인 해변이다.

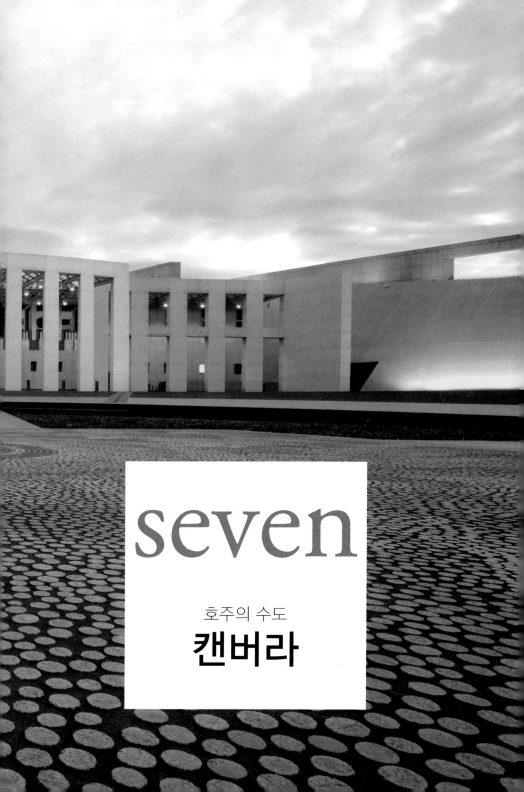

seven

호주의 수도
캔버라

연방의 시작은
미약했다

한국을 떠나 호주로 오게 된 것은 브리즈번Brisbane의 한 대학교에서 교환학생 생활을 하기 위해서였다. 이때까지만 해도 내게 호주는 캥거루와 코알라로 유명한, 하얀 지붕의 오페라 하우스Opera House 가 근사한 나라에 불과했다. 다른 나라에서 건너온 학생들도 나와 다를 바 없어 보였다. 특히 유럽 학생들은 호주의 바닷가에서 서핑을 즐기려는 생각뿐, 국가로서의 호주에 대해서는 일말의 관심도 보이지 않았다.

그들은 서핑을 즐기기에 좋은 해변의 이름은 줄줄이 나열하지만, 정작 호주의 수도에 대해서는 어디에 있는지는커녕 이름마저 제대로 모르는 경우가 허다했다. 실제로 학기가 시작할 즈음 각국의 교환학생들을 대상으로 개최된 퀴즈쇼에서 상당수의 학생들이 첫 문제에서부터 탈락의 고배를 마셨다. 첫 번째 문제는 호주의 수도를 묻는 것으로, 질문에 대한 선택지는 이러했다.

① 시드니　② 멜버른　③ 브리즈번　④ 캔버라

탈락한 학생의 다수는 시드니Sydney나 멜버른Melbourne을 답으로 선택했다. 그들은 나름의 타당한 근거를 갖고 있었다. 시드니와 멜버른은 각각 2000년과 1956년에 올림픽을 개최했으며, 올림픽은 일반적으로 한 국가의 수도에서 개최되지 않느냐는 것이었다.

하지만 문제의 정답은 ④번 캔버라Canberra. 탈락자들은 정답을 듣고도, 그들의 답이 오답임을 쉽게 납득하지 못했다. 이름만 대면 누구나 알법한 도시인 시드니나 멜버른이 아니라 한 번도 듣도 보도 못한 캔버라가 호주의 수도라니!

이후 호주인 친구들과 친해지며, 이러한 생각을 하는 것이 나와 유럽인 등 다른 나라 사람만이 아니란 걸 알 수 있었다. 호주의 국민도 캔버라를 수도로 썩 내켜 하거나 자랑스러워하지 않았다. 심지어 그들은 캔버라를 '부시 캐피털Bush Capital'이라 부르며 조롱했다. 간혹 부시 캐피털을 '정원 같은 수도'라 해석하는 사람들도 있지만, 글쎄. 호주 사람들에게 부시bush는 개간되지 않은 땅과 그 땅에 제멋대로 자라난 수풀을 의미할 뿐이다.

그런 캔버라를 방문하기로 결심한 것은 순전히 호기심 때문이었다. 자국민에게까지 사랑받지 못하는 호주의 수도가 난 무척이나 궁금했다. 캔버라에 대한 자료를 조사하며 여행을 계획하던 중 눈길을 끈 곳은 도시 남쪽의 야랄룸라Yarralumla 지역이었다. 이곳은 한국에서나 볼법한 청기와 건물이 지어져 있기로 유명했다.

하지만 야랄룸라에 도착해 차에서 내린 순간, 눈앞의 청기와 건물보다 먼저 신경을 곤두세우게 한 것은 온몸을 에워싸는 캔버라의 찬 공기였다. 다른 도시와는 비교되지 않는 추위가 이곳에 도사리고 있었다. 이 추위를 설명해줄 수 영어 단어로는 칠리chilly가 제격이다. '추워서 살기 불편한'이란 어감의 이 단어는 캔버라의 겨울을 묘사할 때면 으레 따라붙는 표현이다.

주민들조차 격렬한 추위를 견디기 어려워하는 겨울에 캔버라를 방문한 것은 전적으로 나의 판단 착오였다. 하지만 수차례 되뇌어 봐도 여름방학보다는 겨울방학 중에 캔버라를 방문하는 편이 나았다. 캔버라의 여름은 한 번 발생한 산불이 몇 주 동안 계속될 정도로 지독히 건조하니 말이다. 2003년 1월 호주 한여름에 일어난 산불은 캔버라를 불태우다 못해 부상자 435명, 사망자 4명이라는 비극적 결말을 낳았다. 캔버라의 건조한 기후에 유칼립투스의 알코올 성분이 더해져 만들어낸 참극이었다.

야랄룸라에 위치한 대한민국 대사관

여하튼 칠리한 날씨에 첫인상이 묻힌 야랄룸라는 대한민국 대사관을
비롯해 각국의 대사관저가 모인 곳이다. 각국 특유의 전통 양식을 본떠 지
어진 건물들 가운데, 청기와를 얹은 대한민국 대사관저의 태극기가 높이
펄럭이고 있었다. 비록 자금성을 본뜬 중국 대사관이나 여타 유럽 국가들
의 대사관에 비할 규모는 아니었지만, 타국에서 바라본 태극기는 그 존재
만으로도 마음 한구석을 든든하게 했다.

각국의 대사관저를 둘러본 후, 본격적인 캔버라 관광을 위해 향한 곳은
야랄룸라 동쪽의 캐피털 힐Capital Hill이었다. 이곳에는 적잖은 우여곡절을
겪은 오스트레일리아 연방의 국회의사당이 위치해 있다.

한때 호주는 독립적인 6개의 주州와 1개의 준주準州로 구성돼 있었다. 그
들은 주마다 독자적인 정부를 운영했으며, 각기 다른 법률에 의거해 주민
들을 치리治理했다. 서로 경쟁하며, 영국과는 개별적인 우호 관계를 쌓는
나날의 연속이었다. 헨리 파크스Henry Parkes 경이 등장한 것은 그러한 때였
다. 그는 모두가 암묵적으로 고민해온 다음의 제언을 공론화시켰다.

"우리는 언제까지 한 대륙 내에서의 부질없는 경쟁을 계속해야 할까?"

파크스 경은 대륙 내 6개의 주가 하나의 연방 국가로 결속해 국가적 발전에 힘쓸 것을 제안했다. 또한 이제는 영국의 관할에서 벗어날 때라며 국가 체제를 공화국으로 전환할 것을 주장했다. 이를 위해 그는 각 주를 순회하며 대표들을 만나 설득을 거듭했고, 마침내 각 주의 대표들을 빅토리아 주 국회의사당 건물로 불러 모으기에 성공했다.

하지만 때는 무더운 여름이었고, 멜버른의 온도는 39.7℃까지 치솟았다. 더위를 참다못한 각 주의 대표들은 호주를 공화국으로 전환할 방법을 논의하는 대신, 이토록 더운 날씨에도 회의를 계속할 만큼 호주의 공화국 전환이 필수적인가에 대한 논쟁만을 거듭했다. 사실 날씨에 대한 불평은 핑계에 불과했다. 그들은 영국에서 벗어나려는 움직임이, 도리어 뉴 사우스 웨일스 주를 중심으로 한 새로운 식민시대로 이어질 것을 두려워했다. 파크스 경이 뉴 사우스 웨일스 주 출신이란 사실은 이러한 우려에 타당성을 더하기 충분했다.

하지만 파크스 경은 진정으로 호주를 생각하는 사람이었다. 그는 자국의 발전을 위해 연방의 수립과 공화정으로의 전환이 필수적이라 믿었다. 계속되는 노력 끝에 파크스 경은 호주 전역을 대상으로 국민 투표를 실시하기에 이르렀다. 투표율은 상당히 높았으며, 모든 것은 희망적으로 보였다. 하지만 개표 결과 45%의 찬성표와 55%의 반대표가 나왔다. 다수의 반대표는 뉴 사우스 웨일스 주에서 나왔다. 그들은 자국이 공화국으로 전환된다면 이전보다 주의 위상이 낮아질 것을 우려했다.

결국 1901년 1월 1일 호주는 오스트레일리아 연방the Commonwealth of Australia으로 선포됐다. 공화정이 수립되지는 못했으나 흩어져 있던 6개의 주와 1개의 준주가 하나의 연방으로 결속되는 순간이었다. 더는 영국 정부가 호주의 정치, 경제, 외교 문제에 간섭하지 않게 됐다. 그들은 다만 정기적으로 호주를 방문하며, 영국을 사랑해 마지않는 이 나라를 격려하고 지지할 뿐이다.

그러나 오스트레일리아 연방 국회의사당이 세워지기까지는 아직 약간의 이야기가 더 남아 있다. 연방이 수립된 이후, 호주의 정치인들은 이제 연방 국가의 수도를 정할 필요성을 느꼈다. 당시 가장 번성한 도시였던 시드니와 멜버른이 자연스레 수도 후보지로 거론됐다. 하지만 두 도시는 우열을 가리기 힘들 정도로 발전해 있었고, 사람들은 둘 중 어느 곳을 뽑아야 할지 선택하기가 난감했다.

논쟁은 계속됐다. 그들은 결국 듣도 보도 못한 제3의 도시를 수도로 고르길 결정했다. 캔버라는 그렇게 제안된 도시 중 한 곳이었다. 이곳은 시드니에서 남서쪽으로 280km, 멜버른에서 북동쪽으로 660km 떨어져 있는 작은 시골 마을이었다. 마을에는 무성한 수풀과 비포장도로, 몇 채의 가옥만이 존재했다.

시드니는 새로운 수도가 뉴 사우스 웨일스 주에 위치하며, 멜버른보다 가까운 거리에 위치해 있다는 점에 만족했다. 반면 멜버른은 지리적 우위를 시드니에 내어준 대가로 새로운 수도가 단장을 마치기까지 연방 의회의 개최지로 임명됐다는 것에 기뻐했다. 이는 실속을 중시하는 시드니사이더Sydneysider와 명예를 중시하는 멜버니언Melburnian 모두에게 만족스러운 결과였다.

하지만 제1차 세계대전이 발발하며 상황은 뒤바뀌었다. 전쟁은 캔버라에 국회의사당이 들어서려던 시점에 시작되었다. 국회의사당 건물을 짓기 위한 공사는 무기한 연기됐고, 종전 후에도 연방 정부는 좀처럼 공사를 시작할 수 없었다. 연방 정부에게는 전쟁의 피해를 추스르는 것이 그 무엇보다 급선무였기 때문에 의회는 계속해서 멜버른에 머물렀다. 국가의 모든 주요한 결정은 멜버른에서 내려졌으며, 멜버른은 호주의 실질적인 수도 역할을 감당했다. 겉으로 내색하지는 않았지만, 시드니가 보기에 멜버른은 이러한 상황을 충분히 즐기는 듯 보였다.

결국 시드니가 나서 캔버라에 임시 국회의사당 건물을 짓기 시작했다.

1 오스트레일리아 연방의 국회의사당.
2 국회의사당 내부 상원 회의실
3 국회의사당 내부 하원 회의실
4 국회의사당 2층 화랑에 걸린 역대 총리들의 초상

완공을 서두른 탓에 연방 정부의 위엄이 충분히 담기지는 못했지만, 멜버른에 체류하던 연방 의회를 옮겨오기에는 충분했다. 이는 1927년 오스트레일리아 연방이 수립된 지 26년 만의 일로, 오스트레일리아 연방 의회는 비로소 그들의 수도인 캔버라에 입성했다.

국회의사당의 내부로는 드넓다 못해 휑한 앞마당을 지나서야 들어갈 수 있었다. 멀리서부터 장대함이 느껴지는 이 건물은, 1988년 자국의 국회의사당이 임시로 지어졌다는 자괴감을 떨쳐내지 못한 호주 국민들에 의해 새로 지어졌다. 제22대 말콤 프레이저Malcolm Fraser 총리는 전 세계 건축가들을 대상으로 공모전을 진행했으며, 그중 81m의 국기 게양대가 건물 중앙에 세워진 도안을 골랐다. 그는 게양대의 높이만큼, 그간 실추된 오스트레일리아 연방의 위상이 높아질 것이라 믿었다.

국회의사당 1층 홀에는 유칼립투스가 그려진 대형 태피스트리Tapestry*가 걸려 있었다. 굳게 닫힌 문 앞에 경비

원들이 지키고 있는 몇몇 방을 제외하고는, 관광객들은 어느 곳이든 자유롭게 국회의사당의 내부를 둘러볼 수 있었다. 특히나 회의가 열리지 않는 날의 상원 회의실과 하원 회의실은 인기 있는 포토 포인트가 되었다. 회의실은 서로 다른 분위기를 풍겼는데, 상원 회의실은 호주의 황무지를 연상시키는 붉은 색으로, 하원 회의실은 유칼립투스를 연상시키는 초록색으로 꾸며져 있었다.

2층 회랑에서는 양 벽면에 빼곡히 걸린 역대 총리들의 초상화가 방문객들을 맞이했다. 이름도 얼굴도 생소한 그들을 묵묵히 응시하던 중 문득 10살 남짓한 아들과 아버지의 대화에 귀 기울여졌다. 그는 각 총리들에 얽힌 일화를 하나둘 풀어내고 있었다. 때마침 그들의 앞에 위치한 초상화는 호주 연방의 10대 총리인 조셉 라이언스Joseph Lyons의 것으로, 라이언스는 집무실에서 업무를 보던 중 사망했다. 사인은 심장마비였다. 그는 집무실에서 사망한 첫 번째 총리로, 이후 14대 총리 존 커틴John Curtin이 그와 유

사하게 생을 달리했다.

아이의 아버지는 내가 그들의 이야기에 집중하고 있음을 눈치채더니 목소리를 약간 높여 설명을 이어갔다. 다음 초상화의 주인공은 17대 총리 해럴드 홀트Harold Holt. 그는 임기를 마치고 수영을 즐기던 어느 날, 바다에 빠져 사망했다. 한 국가의 총리를 지냈던 이의 죽음으로는 허망한 것으로, 그에게는 현재까지도 '독특한 죽음을 맞이한 총리'라는 수식어가 붙는다.

이들 부자와의 동행은 26대 총리 케빈 러드Kevin Rudd의 이야기를 끝으로 막을 내렸다. 러드 총리는 다른 어떠한 업적보다도 애버리지니 사람들Aborigine Peoples에게 연방 정부의 공식적인 사과를 건넨 일로 유명하다. 그는 호주의 정치인들 중 최초로 애버리지니 사람들에 대한 자국의 과거 만행을 인정한 사람이다.

'호주의 국민들 중 살아생전 캔버라를 방문한 사람과 그렇지 않은 사람, 둘 중 누가 더 많을까?'

캔버라를 여행하기 전, 마음속으로 읊조렸던 질문이었다. 자국민들에게도 제대로 인정받지 못하는 도시가 과연 둘러볼 만한 가치가 있는 곳인가 하는 의문이 캔버라에 도착하기까지 좀처럼 뇌리를 떠나지 않았다. 하지만 캔버라에 대한 불신은 우연찮게 엿들은 호주인 부자父子의 이야기로 인해 종식됐다. 호주의 총리들은 업무상의 스트레스로 과로사할 만큼 국가 일에 열심이었다. 또한 그들은 과거 잘못에 대한 책임을 지기도 주저하지 않았다.

캔버라를 위시한 오스트레일리아 연방은 오늘도 안녕하다.

고래 싸움에
등 터진 캔버라

캐피털 힐로부터 벌리 그리핀 호수Lake Burley Griffin까지는 일직선의 도로가 길게 이어졌다. 주변 건물들은 정갈하며, 어느 한 채도 지나치게 높거나 낮지 않아 도시 전체 경관이 무척이나 안정적이었다. 한때 캔버라가 농가 몇 채에 불과한 시골 마을이었음을 생각할 때, 이는 무척이나 큰 변화였다.

캔버라가 현재의 모습에 이르기까지 그 배경에는 이 도시를 수도답게 가꾸려 애쓴 연방 정부의 피나는 노력이 존재했다. 그들은 새로운 모습의 캔버라를 위해 국제적인 규모의 공모전을 개최했다. 당선자는 월터 그리핀Walter Griffin과 매리언 그리핀Marion Griffin 부부로 그들이 합작으로 제출한 설계도는 원과 삼각형, 육각형, 팔각형 등으로 채워져 있었다. 심사위원들은 그들 부부의 기하학적 도안에 금세 매료됐다. 그들은 부시가 무성한 캔버라가 그리핀 부부의 도안대로 세련되고 정돈된 도시로 변모하리라 믿었다.

1913년 그리핀 부부의 계획 아래 대규모 공사가 시작됐다. 호주 국민들은 그들 부부에 열광했고, 연방 정부의 기대 또한 상당했다. 하지만 이듬해, 보스니아에서 울린 두 발의 총성과 함께 그들 부부와 캔버라의 운명은 전복됐다. 오스트리아 황태자 부부의 사망으로 유럽 전역이 제1차 세계대전에 휩싸인 것이다. 전쟁의 여파가 호주에 영향을 미치기까지 어느 정도 시간이 걸리겠지만, 국민들은 영국을 도우려는 정의감에 일찍이 불타올랐다. 캔버라의 도시 건설에 책정돼 있던 예산과 인력은 모두 회수됐다. 대신

그 예산은 신식 무기를 구입하는 데에 사용됐고, 건설에 필요한 인력은 전쟁터로 보내졌다.

4년의 시간이 흐른 후, 전쟁은 끝이 났다. 정부와 국민들은 전쟁의 피해를 수습하기에 급급했다. 그리핀 부부의 거취와 새로운 캔버라에 대한 기대는 잊힌 지 오래였다. 결국 그들 부부는 벌리 그리핀 호수를 둘러싼 삼각형의 도로만을 남긴 채, 예산 부족을 이유로 해고됐다.

이후로도 호주는 미국발 세계대공황의 파장에 잠시 휘청였고, 제2차 세계대전을 치러내야 했다. 오스트레일리아 연방의 수도로 지정된 지 반세기가 지났지만, 캔버라에는 여전히 수풀만이 무성했다. 캔버라를 향한 의도치 않은 무관심은, 이후 시드니가 멜버른의 독주에 반발해 임시 국회의사당의 건축을 추진하기까지 계속됐다. 이를 시작으로 도시에는 점차 여타 정부기관과 주택 및 편의시설 등이 들어섰으며, 캔버라는 비로소 수도의 모습을 갖출 수 있었다.

벌리 그리핀 호수 너머 호주 전쟁 기념관Australian War Memorial이 위치한다.

호주 전쟁 기념관.
세계대전의 참전용사와
전사자들을 기리며 지어졌다.

▲ 꺼지지 않는 불꽃(Eternal Flame). 전사자들을
   향한 추모의 뜻이 담겨 있다.
▼ 호주 전쟁 기념관의 문

두 차례의 전쟁이 끝난 후, 연방 정부는 누군가의 아버지이며, 아들이며, 형제였을 참전용사와 전사자들을 위해 전쟁 기념관을 공들여 짓기 시작했다.

전쟁 기념관의 내부는 겉모습에서 전해지는 위용과 달리 아늑한 분위기를 풍겼다. 내부 정원에는 인공 연못이 조성돼 있었고, 꺼지지 않는 불꽃Eternal Flame과 로즈메리 수풀 또한 전사자들을 향한 추모의 뜻을 표했다. 기념관 안에는 제1차 세계대전부터 최근의 이라크 전쟁까지, 호주의 참전 기록이 고스란히 남아 있었다. 당시 상황을 재현한 영상과 사진, 밀랍인형, 실제 무기와 군 장비들을 전시함으로써 과거 역사를 생생하게 전달하고 있었다.

그곳에는 한국전쟁을 다룬 코너도 있었다. 타국의 전쟁 기념관에서 만난 한국전쟁에 대한 기록은 객관적 설명과 간략한 수치 정보들로 무미건조하게 전달되고 있었다. 모든 내용은 지나치게 객관적이었기에 전쟁의 비극성을 더욱 실감나게 했다. 관람 도중 박물관 큐레이터가 갑작스러운 질문을 던져왔다.

1 전쟁터에서 발견된 아이의 유품
2 동료들의 죽음을 슬퍼하는 군인의 모습을 재현한 밀랍인형
3 청동 명판이 길게 나열된 전쟁 기념관의 2층 회랑
4 한국전쟁 전사자들의 이름이 새겨진 청동 명판

　“한국에 있는 너의 가족들은 안전하니?”

　한국인의 시선으로 바라본 대한민국은 지극히 평화로우며 안정적이다. 하지만 타국민의 시각에서 본 대한민국은 여전히 휴전국이자 분단국이었다. 언제 다시 전쟁이 발발해도 이상하지 않을 나라, 그곳의 국민으로 나는 살고 있다.

　기념관의 2층 회랑을 따라서는 청동 명판이 길게 이어졌다. 그 위에는 전쟁터에서 유명을 달리한 이들의 이름이 새겨져 있었다. 10만 개가 넘는 이름들은 직급이나 수여된 훈장의 개수와 무관하게 오로지 알파벳 순서에만 의존해 나열돼 있었다. 죽음 앞에서 모든 사람은 평등하며, 그들에게 표해져야 할 경의는 동등하다는 연방 정부의 신념이 드러난 부분이었다. 명판 곳곳에 꽂힌 로즈메리의 꽃말은 '추모' 또는 '기억'. 붉은색이 도는 자줏빛 꽃잎은 전사자들의 핏방울을 연상시키며, 그들의 넋을 위로했다.

기억의 홀. 신원 미상의 전사자들 무덤이 존재한다.

전쟁 기념관에서 마지막으로 향한 곳은 기억의 홀The Hall of Memory이었다. 그곳에는 미처 신원이 확인되지 못한 이들의 무덤이 존재했다. 죽은 후에도 가족의 품으로 돌아가지 못한 그들을 위해 기억의 홀을 찾은 사람들은 유독 긴 시간 그 앞에서 예를 표하곤 했다.

홀의 벽면은 타일 조각을 잘게 이어붙인 모자이크들로 채워져 있었다. 작은 타일 조각들은 각기 다른 보직과 성별의 참전용사들을 그려냈다. 이 모자이크 작품은 제1차 세계대전의 참전용사였던 네이피어 월러Napier Waller에 의해 완성된 것이다. 월러는 그가 한창 벽화가로 유명세를 타기 시작한 때 전쟁에 소집됐고, 전쟁터에서 오른팔을 잃고 돌아왔다. 오른손잡이였던 그에게 의사는 더 이상의 작품 활동이 불가능하다는 진단을 내렸다. 하지만 윌러는 포기하지 않고, 남아 있는 왼팔과 입으로 작품 활동을 계속했다. 이후 전쟁 기념관 건립이 결정되자 연방 정부는 그를 찾았다. 참전의 아픔을 극복해낸 윌러에게 그들은 기꺼이 기억의 홀 벽화 제작을 맡기기 원했다.

지난 세기, 전쟁의 아픔을 겪은 국가는 호주뿐만이 아니다. 전쟁의 파장은 전 지구를 관통했고, 세계 각국의 젊은이들이 목숨을 잃었다. 하지만 호주에 남은 상흔은 다른 국가들에 비해 유독 불합리한 측면이 존재한다. 유럽과 아메리카, 아시아 대륙의 열강들이 식민지 확장에 힘쓰는 동안에도 호주는 단 한 순간도 제국주의의 흐름에 동참한 적이 없다. 또한 그들은 전쟁의 근간이 된 어떠한 이념이나 사상의 발전에도 기여하지 않았다. 호주는 단지 영국의 우방국이란 이유로, 두 차례의 전쟁에 참여했다.

그 때문에 호주의 누군들 억울하지 않겠냐마는, 당시 전쟁으로 가장 큰 피해를 입은 곳은 캔버라였다. 전쟁은 캔버라가 수도로 지정된 지 얼마 지나지 않아 발발했고, 이에 도시는 제 역량만큼 충분히 성장하지 못했다. 고래 싸움에 새우 등이 터진 꼴이었다. 오죽하면 호주의 정치인들이 캔버라에 살고 싶지 않아 총리가 되길 기피했다는 소문마저 돌았을까.

이후 1949년 로버트 멘지스Robert Menzies 총리가 선출된 후에야 캔버라는 수도로서의 실루엣을 갖추기 시작했다. 그는 유령 도시로 남을 뻔한 이곳에 유일하게 애정을 쏟았다. 덕분에 1955년부터 1975년까지 캔버라의 인구는 5년마다 2배씩 증가했다.

만일 이 책을 읽은 누군가가 내게 캔버라를 방문할지 물어본다면, 주저 없이 꼭 가보라고 권하지는 못할 것이다. 벌리 그리핀 호숫가를 약간만 벗어나면, 이 도시는 여전히 부시가 가득하기 때문이다. 하지만 한 국가를 온전히 이해하기 위해서, 그 나라의 수도를 방문하는 일이 아주 부질없지만은 않을 것이다.

eight

호주의 대표 와인 산지
애들레이드

라이트 대령의
갑질

비행기는 큰 굉음과 함께 애들레이드^{Adelaide}에 착륙했다. 시골 마을에 불과할 줄로 알았던 도시는 기대 이상으로 쾌적했다. 사우스 오스트레일리아 주의 주도主都이며, 부메랑 코스트^{Boomerang Coast}의 끝자락을 장식한다는 이름값은 괜한 것이 아니었다. 그러한 점에서 시드니^{Sydney}를 여행하며 우연히 합석했던 이들의 우스갯소리는 상당히 과장된 것이었다. 그들은 동석한 애들레이드 출신의 아가씨에게 '진짜' 대도시에 와본 기분이 어떠냐며, 그녀가 울상이 되기까지 시골 출신이라고 놀려대기를 멈추지 않았다.

물론 애들레이드는 관광지로 유명하지도 않고, 철광석과 같은 수출품을 내놓지도 못한다. 그뿐만 아니라 다섯 손가락 안에 겨우 드는 호주의 대도시로, 이는 대륙 서쪽에 고립된 퍼스보다도 못한 순위이다. 그들의 조롱은 아마도 이에 기인했으리라.

하지만 다른 도시민들의 조롱에도 불구하고, 애들레이드의 주민들은 이곳을 자랑스러워한다. 그들의 자부심은 애들레이드가 호주의 여느 도시와 달리, 한 번도 죄수 호송선을 받지 않았다는 사실로부터 비롯한다. 애들레이드는 대륙의 최남단에 위치했기 때문에 영국 정부는 이곳까지 오지 않아도 죄수들을 내려놓을 만한 땅을 얼마든지 찾을 수 있었다. 또한 애들레이드는 시민의 주권과 종교의 자유를 추구하는 이들이 모여들며 도시가 시작됐다고 전해진다. 그들은 유럽에서의 정치적 핍박과 종교적 탄압을 피해, 왕과 교회로부터 자신의 신념을 지키려 애들레이드로 향했다. 그리고 도시를 현재의 모습에 이르기까지 가꾸었다.

공항에서 탄 버스는 노스 애들레이드North Adelaide의 숙소 앞에 멈춰 섰다. 애들레이드 시내는 토렌스 강Torrens River을 기준으로 남북이 나뉘며, 그중 북쪽의 노스 애들레이드는 고급 레스토랑과 갤러리, 부티크 등이 즐비하기로 유명한 곳이다. 따라서 여행자보다는 현지인들, 그것도 도시 부유층이 즐겨 찾는 이곳에 내가 숙소를 잡은 것은 엄연한 실수에서 비롯된 일이었다. 평판 좋은 호스텔이 한정수량 특가로 제공된다는 광고에 자세한 위치도 확인하지 않고 선금을 결제해버린 탓이다. 뒤늦게 호스텔의 주소를 확인하고 후회했지만, 높은 취소 수수료 때문에 울며 겨자 먹기로 이곳에 머물러야 했다. 덕분에 애들레이드에 머문 한 주간 매일 30분이 넘도록 걸어야만 도시의 중심부로 갈 수 있었다. 숙소와 가까워 방문이 편리했던 곳은 라이트 기념 동상The Light's Vision Commemoration뿐이었다.

노스 테라스에는
애들레이드만의 정체성이 응집돼 있었다.

라이트 기념 동상은 노스 애들레이드의 몬티피오리 힐Montefiore Hill에 자리 잡고 있었다. 애들레이드에서 가장 높은 언덕에 위치한 까닭에 동상의 주인인 윌리엄 라이트William Light 대령은 늘 애들레이드 도심을 내려다보며 서 있다. 하지만 동상의 위치 때문에 라이트 대령이 사우스 오스트레일리아 주의 역대 총독이지 않을까 하는 섣부른 추측은 하지 않길 바란다. 그는 총독이 아니라 도시의 초기 도안을 그려낸 사내에 불과했다. 다만 계획 도시로 시작된 애들레이드에 있어 그의 도안은 필수적이었기 때문에 대령은 생전에, 그리고 사후에도 여느 총독 못지않은 권력을 누릴 수 있었다. 사우스 오스트레일리아 주의 초대 총독인 존 힌드마시John Hindmarsh 경이 결정한 도시의 입지를 멋대로 옮길 정도로 그의 영향력은 막대했다.

그나마 다행인 사실은 라이트 대령이 구상한 도시의 도안이 썩 나쁘지 않았다는 것이다. 그는 토렌스 강을 중심으로 8자 모양의 도시를 그려냈다. 숫자 8의 내부는 격자무늬로 구획이 나뉘었고, 그 외곽은 공원 부지가 둘러싸고 있었다. 애들레이드는 도시 어느 곳을 보아도 군더더기 없이 깔끔했으며, 건물들은 정갈했다.

노스 테라스North Terrace에 들어선 순간, 도시의 색깔은 한층 짙어졌다. 애들레이드 도심 북쪽을 감싼 거리에는 모든 문화 시설이 모여 있었으며, 이들은 애들레이드만의 정체성을 구현해냈다. '애들레이드를 알려면 노스 테라스를 보라'는 말이 비로소 이해가 됐다.

노스 테라스는 사우스 오스트레일리아 주립 도서관State Library of South Australia에서 시작되었다. 특히 도서관 2층의 모틀록 별관Mortlock Wing은 2014년 미국의 한 여행 잡지에 '세계에서 가장 아름다운 도서관'이란 이름으로 소개됐을 만큼 빼어난 자태를 선보였다. 르네상스 스타일로 꾸며진 서가에는 2만 3,000여 권의 장서가 보관돼 있고, 태양광은 유리 지붕을 그대로 통과해 들어왔다. 이곳에서라면 하루 종일 공부를 하고 책을 읽어도 좋을 듯했다. '아름답다'는 수식어는 가히 도서관에도 쓰일 수 있는 표현이었다.

사우스 오스트레일리아 주립 도서관(위) / 무룩룩 별관, '세계에서 가장 아름다운 도서관'으로 선정되는 영예를 얻었다(아래).

주립 도서관을 나와 사우스 오스트레일리아 박물관South Australian Museum과 사우스 오스트레일리아 미술관Art Gallery of South Australia으로 향했다. 박물관 내에는 애버리지니 사람들Aborigine Peoples의 문화 유적을 비롯해 박제된 동물과 곤충, 공룡 화석, 광물들이 즐비했다. 미술관은 3만 5000여 점의 예술작품을 소장하고 있으며, 호주에서 두 번째로 큰 규모를 자랑했다. 일련의 전시는 유익했다. 하지만 이곳들을 반나절 만에 둘러보겠다는 결심은 감동이 아닌 지독한 허기만을 남길 뿐이었다.

사우스 오스트레일리아 미술관의 내부 전시물

150여 년 동안 운영되어 온
사우스 오스트레일리아 박물관

아쉬움을 뒤로하고 다음 장소로 발걸음을 옮겼다. 다행히 런들 스트리트Rundle Street까지는 노스 테라스에서 한 블록만을 건너 도착할 수 있었다. 거리는 애들레이드 시내에서 번화하기로 둘째가라면 서러웠고, 손님들이 북적이는 레스토랑과 카페, 부티크들로 가득했다. 거리의 정중앙에서는 청동 돼지 4마리도 찾아볼 수 있었다. 각각 트러플스Truffles, 호레이쇼Horatio, 올리버Oliver, 오거스타Augusta란 이름의 돼지들은 쓰레기통을 뒤적이거나 당장이라도 달려갈 듯한 모양새를 취하고 있었다. 그리고 거리 끝에 위치한, 전날 눈여겨봐 뒀던 파스타 집은 기대를 저버리지 않았다.

애들레이드에서 가장 번화한 런들 스트리트

라이트 대령이 유독 공들여 가꿔낸 애들레이드 식물원

식사를 마치고 다시 향한 노스 테라스. 길게 뻗은 거리의 끝에는 애들레이드 식물원Adelaide Botanic Garden이 위치했다. 이는 라이트 대령이 도시 도안에서 가장 공들인 곳으로, 0.51km² 넓이의 식물원에는 영국 본토와 그 외 다양한 기후대에서 건너온 식물들이 자라고 있었다. 이곳이 조성된 시기가 19세기였음을 고려할 때, 이는 모두 라이트 대령이 애들레이드의 갑甲이었기에 가능한 일이었다.

다만 그가 애들레이드의 설계도를 그리며 범한 한 가지 실수는 도시의 어느 곳에도 감옥을 그려 넣지 않았다는 것이다. 라이트 대령은 애들레이드가 시민의 주권과 종교의 자유를 추구하는 사람들이 모인 곳이니만큼, 이곳에 거주하는 누구도 범죄를 저지르지 않을 것이라 믿어 의심치 않았다.

하지만 대령의 확신은 오래가지 못했다. 그 계기는 사소했다. 1837년 시드니 감옥에서 탈출한 죄수가 애들레이드로 숨어든 것이다. 그는 곧 경찰에 잡혀 시드니로 송환됐지만, 주민들은 깨달았다. 애들레이드가 아니더라도 죄수들은 호주 전역에 퍼져 있었고, 그들 중 누가 언제 다시 애들레이드로 들어올지는 알 수 없는 노릇이었다.

이후 1838년 3월 절도와 살인, 살인미수 두 건의 범죄 사건이 애들레이드 경찰서에 접수됐다. 타 도시에서 건너온 이들이 아닌 애들레이드 주민이 저지른 범죄였다. 본인들의 거주지만큼은 범죄와 무관하리라 여겼던 주민들의 자부심은 깨졌다. 그들은 서둘러 감옥을 지어 범죄자들을 수감했다.

현재는 다소 변질된 자부심을 지닌 도시, 애들레이드. 그 거리를 따라 약간을 걷자니, 문득 벨기에 청년 스테판Stephen이 떠올랐다. 그는 퍼스 여행 도중 우연찮게 말을 섞은 적이 있던 사람이었다. 스테판은 애들레이드의 친구 집에서 장기 투숙을 하며 잠시 퍼스를 여행 중이었고, 언젠가 애들레이드에 들리겠다는 내게 이런 말을 남겼다.

"애들레이드에 오는 것은 아무래도 좋아. 하지만 너무 큰 기대는 하지 마. 그곳은 단아하며 기품 있는 곳이지만, 너 같은 성격의 여행자가 즐길 만한 곳은 아니거든."

'너 같은 성격의 여행자'란 그의 표현은 다소 불분명했다. 따라서 당시에는 그저 웃어넘긴 말이 이제야 가슴에 와 닿았다. 애들레이드는 분명 그만의 매력이 있는 도시였지만, 새로운 자극으로 가득 차 있지는 못했다.

그러니 애들레이드에 가는 것은 아무래도 좋다. 단, 도시에 대한 평가는 온전히 당신의 몫이다.

쉘 위
드링크?

나에게는 그러한 로망이 있다. 부모님 집에 얹혀사
는 지금이야 어쩔 수 없지만 사랑하는 사람과 함께 살게 되면 집의 한편
에 우리만의 와인 바를 만드는 것이다. 주말 저녁이 되면 미색 조명이 켜
지고, 그는 즐겨 듣던 재즈 음악을 튼다. 까치발을 하고 찬장에서 와인을
고르는 내게 그가 다가온다. 그는 날 뒤에서 살포시 안고, 내가 고르려 했
던 와인을 꺼내 든다. 와인 병에 붙은 라벨에는… 라벨에는….

별수 없다. 바로사 쉬라즈Barossa Shiraz라고 쓰여 있겠지. 와인에 대해서는
가방끈이 짧아 여기까지가 한계다. 만화책 《신의 물방울》을 읽어보기도
했지만, 정작 와인을 골라야 할 때면 영락없이 바로사 쉬라즈를 택하고 만
다. 와인 양조를 위한 저수지, 포도밭, 양조장 모두를 둘
러본 경험이 있기 때문일까? 이는 애들레이드 외곽의 바
로사 밸리Barossa Valley*에서 가능했던 일로, 이곳은 호주에
서 내로라하는 와인 산지다.

* 시드니 헌터 밸리(Hunter
Valley), 멜버른 야라 밸리
(Yarra Valley)와 함께 호주
의 3대 와인 산지로 꼽힌다.

사우스 오스트레일리아 주의 여느 곳이 그러하듯, 바로사 밸리는 라이
트 대령에 의해 발견되어 이름 붙여졌다. 1811년 그가 참전했던 바로사
전투Battle of Barrosa의 승리를 기리기 위해 일대를 바로사 계곡이라 칭했다.
하지만 누군가는 벌써 눈치챘듯이, 바로사 전투와 바로사 계곡에는 서로
다른 철자의 '바로사'가 사용되고 있다. 제2의 셜록 홈스를 꿈꾸는 누군가
는 다음과 같은 추리를 시작할지도 모른다.

"라이트 대령에 반감을 품은 누군가가 악의를 품고 철자를 바꿔 놓은
것이 아닐까?"

218

하지만 애석하게도 이는 단지 행정적 실수에 불과했다. 훗날의 애들레이드 주민들은 알파벳 R이 아닌, S가 두 번 사용된 사실을 발견했음에도 호주 사람 특유의 낙천성을 발휘해 이를 용인했다.

바로사 밸리로 향하는 길, 애들레이드 시내에서 2시간은 족히 달릴 줄로 알았던 버스는 1시간이 채 못 되어 멈춰 섰다. 졸린 눈을 비비며 내린 그곳에는 바로사 댐Barossa Reservoir이 뻗어 있었다. 길이 144m, 높이 36m에 달하는 댐의 벽면은 황량한 느낌을 주었고, 그 너머로 검푸른 물이 넘실거렸다. 함께 버스에서 내린 이들은 그 주변을 오가며 사진을 찍느라 바빴다. 댐 앞의 표지판에는 "댐은 바로사 계곡 전역의 포도나무들이 자라는 데 일조하며, 포도를 증류시키는 과정에도 용수를 제공하고 있습니다."라고 적혀 있었다.

바로사 댐은 파라볼라 효과Parabola Effect로도 유명했다. 댐의 양 끝 사이 거리가 140m에 달함에도 불구하고 한쪽에서 소리친 이야기가 다른 쪽 끝까지 분명히 전해진다고 한다. 이는 한때 미국의 과학 잡지에도 기사화된 바 있는데, 댐은 그로 인해 '속삭이는 벽Whispering Wall'이란 별명을 얻었다. 비록 낯선 이에게 "제게 한 번 소리쳐 주실래요?"라며 부탁할 수 없었기에 그 효과를 직접 느껴볼 수는 없었지만 말이다. 혼자 하는 여행의 불편함은 이러한 순간에 느껴졌다.

바로사 댐은 파라볼라 효과로도 유명하다.

▲ 바로사 밸리에는 포도밭이 드넓게 펼쳐져 있다.
▼ 바로사 밸리의 어느 양조장

　버스는 다시금 달리기 시작했다. 바로사 밸리의 와인 산업이 사우스 오스트레일리아 주의 수입 상당수를 차지하는 것을 증명하듯이, 차창 밖으로는 포도나무들이 줄지어 늘어서 있었다. 내 키를 약간 웃도는 크기의 나무들은 하나같이 일정한 간격을 이뤄 거대한 포도밭을 형성하고 있었다. 밭의 가장자리에 심어진 장미나무들도 눈길을 끌었다. 그것들은 포도밭의 구획을 나누는 동시에 진딧물들이 포도나무를 탐하는 것을 막아낸다. 포도가 아무리 달다 한들 장미꽃의 당도에는 미치지 못하기에, 포도나무와 장미나무를 함께 심으면 진딧물들은 장미 꽃잎에만 머무르는 것이다.

　이후 버스는 바로사 밸리의 한 양조장에 정차했다. 주인아주머니가 분주히 손님들을 맞으러 나왔다. 오늘 안내를 맡게 되어 영광이라는 의례적인 인사말과 함께였다. 그녀를 뒤따라 들어간 양조장은 거대한 포도 압축기와 와인이 가득 담긴 나무통, 와인 병들로 가득했다. 딱 한 발의 총알만 잘못 스쳐도 이곳에는 금세 붉은 강물이 흐르리라는 생각이 들었다.

　양조장을 한 바퀴 둘러본 후, 그녀는 기꺼이 모두에게 6가지 종류의 와인을 시음해보도록 권했다. 비록 레드 와인과 화이트 와인만 구별할 수 있는 문외한이지만, 그런 나조차 제공된 와인들이 훌륭한 수준임을 알 수 있었다. 그리고 모두에게 충분한 양의 와인이 돌아간 것을 확인한 주인아주머니는 바로사 쉬라즈가 탄생한 배경에 대해 설명하기 시작했다.

1841년 호주 정부는 애들레이드 근교의 실레지아Silesia에 정착할 이주민들을 대대적으로 모집했다. 애들레이드가 어느 정도 성장을 이뤘으니, 이제는 그 외곽으로 영역을 확장하려는 계획이었다. 정착할 땅과 지원금을 지급하겠다는 정부의 공언하에 실레지아행 배는 금세 이주 희망자들로 가득 찼다. 이들 중 다수는 루터교를 신봉하는 독일인들로, 그들은 자국의 종교 박해를 피해 사우스 오스트레일리아 주로 향하기를 원했다. 독일인들은 정착할 땅과 지원금보다는 시민의 주권과 종교의 자유가 보장된다는 도시의 정체성에 매료됐다.

약 500가구의 독일인들이 실레지아에 정착에 성공했다. 그들은 머지않아 실레지아의 온화한 날씨와 일대의 풍토가 높은 당도와 낮은 산도를 가진 포도를 재배하기에 적합하다는 사실을 깨달았다. 이러한 포도들은 양질의 와인을 빚기에 알맞았다.

이후 독일계 이주민들은 실레지아 근방의 바로사 밸리까지 영역을 확장했다. 그들은 이곳에서 다양한 품종의 포도를 재배했고, 당도와 산도, 숙성도, 알코올 농도까지 모든 것이 완벽한 와인을 양조해냈다. 이름하여 바로사 쉬라즈. 바로사 쉬라즈는 호주의 작은 부티크들을 시작으로 이름을 알렸고, 점차 영국과 프랑스, 이탈리아 등지에서도 인기를 끌었다. 바로사 쉬라즈의 판매처가 확장될수록 애들레이드의 위상은 함께 성장했다.

와인은 취하려 마시는 술이 아니건만 빈속에 마신 6잔의 와인에 적잖은 취기가 올라왔다. 시음에 동참한 다른 이들도 비슷한 모양인지, 와인과 함께 제공된 스틱 브레드가 금세 동이 났다. 그리고 상당수가 주변 지인들에게 선물할 와인을 구매한 걸로 봐서, 양조장의 오늘 매출은 그런대로 성공적이었다. 이후 나조차도 와인을 곁들이는 식사 자리가 생길 때면 바로사 쉬라즈를 찾곤 했으니, 이만하면 남는 장사가 아니겠는가?

머리 강이
만만하니?

윌리엄 라이트 대령, 그는 참으로 애들레이드의 갑이었다. 그의 갑질은 애들레이드 동쪽 외곽을 따라 흐르는 머리 강Murray River에까지 미쳤다. 이곳은 앞서 힌드마시 총독이 애들레이드의 입지로 눈여겨보았던 곳이었다. 강은 시드니와 멜버른Melbourne을 나누며 흘렀고, 그 때문에 총독은 애들레이드가 이곳에서 두 도시 사이의 교역을 중개하며 성장할 수 있으리라 믿었다. 하지만 라이트 대령은 그의 의견에 찬성하지 않았다. 대령은 그의 도시 설계도가 머리 강보다 토렌스 강의 하류에 적합하다 주장하며, 그 일대에 공사를 시작했다. 그를 막을 수 있는 사람은 아무도 없었다.

머리 강과 토렌스 강, 두 입지를 현시점에서 비교하자면 과거 애들레이드의 관료들은 어떠한 방법을 동원해서라도 라이트 대령의 결정을 저지해야 했다. 토렌스 강은 애들레이드를 정원 도시로 가꾸겠다는 대령의 꿈을 이룬 것 외에, 애들레이드에 어떠한 지리적 이점도 가져다주지 못했기 때문이다. 만약 머리 강의 하류에 도시가 세워졌다면, 애들레이드는 항구 도시로서 기반을 다지거나 바다를 밑천 삼아 관광 도시로 성장했을 것이다. 애들레이드는 현재, 도시 근교의 와인 산업에 의존해 간신히 대도시로서의 명맥을 유지하고 있다.

머리 강으로 가는 길. 하늘은 몇 번이나 비를 쏟았다 그쳤다 하며 변덕스럽게 굴었다. 어째서인지 애들레이드에 도착한 이후, 첫날을 제외하고는 온종일 날씨가 맑았던 적이 없었다. 회색조의 풍경을 뒤로한 머리 강가에는 유람선과 외륜선paddle wheeler이 한 척씩 정박돼 있었다. 현대적 외관의

유람선과 달리 외륜선은 고전적이며 중후한 분위기를 풍겨, 2척의 배가 함께 있는 모습은 이질적이었다.

외륜선에 얽힌 뒷이야기는 근처의 안내문에서 좀 더 살펴볼 수 있었다. 앞서 라이트 대령이 힌드마시 총독의 결정을 번복한 후 머리 강 일대의 개발은 갑작스레 중단됐다. 변변한 교통수단조차 개발되기 이전의 일이라 마을 주민들은 궁여지책으로 외륜선을 개발했다. 외륜선은 후미에 설치된 물레바퀴가 빚어낸 수력으로 움직이기 때문에, 연료를 구하기 쉽지 않던 그들에게 최상의 교통수단이 되었다. 현재는 머리 강의 경치와 함께

1 머리 강은 애들레이드 시내로부터 차로 1시간 거리에 위치한다.
2 머리 강의 현대식 유람선. 외륜선과 함께 승객들을 머리 강과 인근 마을로 안내한다.
3, 4 매넘 마을에는 옛 머리 강 주민들의 흔적이 남아 있다.

인근 마을들을 둘러보는 관광용으로 활용되고 있다.

　유람선은 타고 강을 거슬러 올라갔다. 날씨가 좋지 않아 먼 곳의 풍경까지는 보이지 않았지만, 선선히 불어오는 바람은 그런대로 승객들의 마음을 달래기에 충분했다. 잠시 후 배는 매넘Mannum 마을에 멈춰 섰다. 마을은 전체적으로 황토색을 띠고 있었으며, 거리를 오가는 사람들은 방금 전 함께 유람선에서 내린 이들뿐이었다. 주변 가게들에서는 옛 매넘 마을 주민들이 사용하던 물건들을 골동품이라며 팔고 있었다. 가게의 계산대를 지키는 이들은 백발이 성성한 노인들뿐이었고, 이들은 가게에 오는 손님보다도 오늘 자 신문이나 눈앞의 뜨갯감에 집중하기 바빴다. 마을은 간신히 그 명맥만 유지하고 있을 뿐이었다.

머리 강 유역은 매넘 마을 사람들 외에도, 한때 다수의 애버리지니 사람들이 살고 있기로 유명했다. 이곳은 나무가 울창하며 사냥감이 풍족했기에 대륙의 다른 어느 곳보다 많은 수의 애버리지니 사람들이 정착할 수 있었다. 그들은 크고 작은 부족을 이뤄 사냥을 하며 생계를 유지했다. 하지만 머리 강을 찾은 유럽계 이주민들은 그들을 편히 내버려 두지 않았다.

애니메이션 〈크루즈 패밀리〉를 본 적이 있는가? 지금으로부터 몇 세기전, 머리 강을 찾은 유럽인들의 눈앞에는 이와 동일한 광경이 펼쳐졌다. 생각해보라. 당신의 눈앞에 사냥으로 생계를 유지하며, 나뭇잎만을 몸에두른 미지의 존재가 나타난다면? 심지어 그들이 내는 소리가 사람보다 동물의 우는 소리와 닮았다면?

현재라면 그들에 대해 학술적 관심을 보일 사람들이 존재할지도 모른다. 하지만 18세기에는 달랐다. 당시는 '다름'에 대한 용인의 정도가 낮았고, '다름'은 배척의 중요한 이유가 됐다. 따라서 유럽인들이 택한 행동은둘 중 하나였다. 한 발의 총알로 빠르게 죽이거나, 최대한의 고통을 선사하며 천천히 죽이거나. 후자의 경우 다양한 방법이 동원됐는데, 가령 다음과 같은 사례들이 전해진다.

1. 즉사하지 않을 부위만 골라 총을 쏜다. 과다출혈로 그들이 죽기까지 계속한다.
2. 사냥개를 풀어 그들을 쫓도록 한다. 그들은 두 발로 달리는 새로운 사냥감에 불과하다.
3. 죽기까지 친다. 다시 말해 '쳐' 죽인다.

애버리지니 사람들의 골격 구조는 선사시대 사람들과 유사했고, 그 때문에 덜 진화돼 보였다. 이런 이유로 유럽인들은 일말의 가책도 없이 그들을 학대하고 학살했다. 호주 정부는 이를 알면서도 묵인했다. 아니, 묵인이라 볼 수도 없었다. 그들은 유럽계 이주민들이 애버리지니 사람들을 대하는 방식을 문제라고 인식조차 하지 못했다. 애버리지니 사람들은 어떠한 법적 구제도 바랄 수 없었다. 적게는 30만 명, 많게는 75만 명에 달했던 것으로 추정되는 애버리지니 사람들의 인구수는 한 세기 만에 9만 명으로 줄어들었다. 현재는 호주 전역에 5만 명에도 미치지 못하는 애버리지니 사람들이 살고 있는 것으로 추정된다.

애버리지니Aborigin는 라틴어 아보리기네스aborigines에서 유래된 단어로, '~로부터from'을 뜻하는 접두사 ab와 '시작beginning' 또는 '기원origin'을 뜻하는 단어 origo의 결합어이다. '시작으로부터 건너온 사람들', 우리가 그들을 부르는 이름이다. 태초의 인류와 유사한 그들의 특징에 대한 서술인 동시에, 오세아니아 대륙에 본래부터 거주하던 그들에 대한 예의를 표한 말이다. 그러나 그들을 바라보는 우리의 시선은 어떠한가? 가로수 밑에 앉아 햇빛이라도 피하려는 그들을 불편해하지는 않았는지, 그들에게 지레 마땅찮은 시선을 보내지는 않았는지 되돌아본다. 그리고 모쪼록 그들을 바라보는 시선에 경멸만큼은 담지 않기를 바라본다. 그들은 우리와 동등한 인격체이다.

도둑맞은
세대

빅토리아 광장Victoria Square의 중앙에는 영국 빅토리아 공주의 동상이 세워져 있다. 현재는 여왕으로 기억되는 그녀는 애들레이드에서 유일하게 라이트 대령의 도시 설계 계획을 뒤엎은 사람이었다.

라이트 대령은 본래 이곳을 '대광장The Great Square'이라 칭하길 원했다. 이는 영국의 옛 이름 그레이트 브리튼Great Britain에서 따온 것으로, 애들레이드 시내 정중앙에 위치한 광장에 그보다 제격인 이름은 없으리라 여겼다. 하지만 광장의 완공식을 앞둔 무렵, 빅토리아 공주의 계승식이 치러졌다. 영국을 자국 못지않게 사랑하던 호주 국민들은 기꺼이 그녀에게 무언가를 헌납하기 원했고, 대광장을 떠올렸다. 영국 공주의 왕위 계승식을 축하한다는 명분 앞에서는 라이트 대령도 끝까지 '대광장'이라는 이름을 고집하기란 불가능했다. 힌드마시 총독의 의견조차 번복했던 그였지만, 영국을 앞세운 전 국민을 상대로까지 갑질을 계속할 수는 없었다.

▲ 빅토리아 광장. 애버리지니 사람들은 이곳을 탄다냥가(Tarndanyangga),
'붉은 캥거루가 꿈꾸는 장소'라고 불렀다.
◀ 빅토리아 광장 중심부에 세워진 빅토리아 여왕의 동상

멀리서 바라본 광장은 드넓었다. 하늘은 맑았고 기분은 상쾌했다. 글리넬그 비치Glenelg Beach로 가려면 이곳에서 트램을 타야 했다. 좀처럼 올 기미가 보이지 않는 트램도 오늘만큼은 전혀 문제가 되지 않았다. 처음 보는 아주머니가 호주 사람이라면 으레 묻는 "어느 나라에서 왔니?", "호주의 어느 도시들을 가봤니?", "호주가 마음에 드니?" 등의 질문들을 건넸을 때도 난 마치 그녀의 관심을 난생처음 맞닥뜨린 것인 양 대답할 준비가 돼 있었다.

애버리지니 아저씨가 다가온 것은, 바로 그때였다. 그는 언제 빨았는지 좀처럼 알 수 없는 너덜너덜한 옷을 입고 있었고, 벌어진 입의 틈새로는 누런 치아 몇 개만이 보였다. 어느 곳에 시선을 두어야 할지 모를 정도로 그의 몰골은 꾀죄죄했다. 그런 그가 "팔랴Palya!"라고 인사를 건넨 후 어눌한 영어로 자신의 이야기를 시작했을 때, 난 해코지를 당할 것이 무서워 자의 반 타의 반으로 그의 이야기를 들을 수밖에 없었다.

"나는 본래 앨리스스프링스에 살았단다. 그곳은 대륙의 중심이며 신성한 땅이지. 난 부족 사람들과 함께 생활하며, 한때 부족의 미래를 책임질 젊은이라 칭송받았어. 드넓은 황무지에 몸을 숨기거나 재빠르게 사냥감을 포획하는 일 등에 난 누구보다 자신 있었거든. 일이 터진 것은 내가 성인식을 치르고, 온전한 어른으로 인정받기 직전이었어. 이전부터 백인들이 호주 내륙의 곳곳을 다니며 애버리지니 사람들을 박해한다는 소문은 돌았지만, 그게 우리 부족의 일이 될 줄은 몰랐지. 그들은 부족 사람들을 해쳤고, 살아남은 이들에게는 이주할 것을 강제적으로 권했어. 물론 우리들은 저항했단다. 하지만 총칼을 앞세운 그들 앞에서 돌과 나무 막대기를 쥔 우리는 아무것도 할 수 없었지."

여기까지 말한 그는 잠시 숨을 몰아쉰 후 다시 말을 이어갔다.

"길지 않은 항전의 끝에, 살아남은 이들은 뿔뿔이 흩어져 호주 전역을 떠도는 신세로 전락했단다. 고향을 떠난 우리들이 다른 지역에 정착하기란 쉽지 않았고, 간혹 괜찮은 땅을 찾더라도 금세 백인들에 의해 내쫓기곤 했지. 정처 없이 떠돌며, 발길 닿는 대로 먹고 자는 것만이 우리에겐 허락됐단다. 이후 뜻이 맞는 애버리지니 몇 사람과 함께 호주 정부에 도움을 요청하기도, 항의를 하기도 했어. 물론 호주 정부는 우리를 본체만체하더구나. 결국 이 나이가 되도록 난 대륙 곳곳을 떠돌며, 어느 한순간도 마음 편히 잠을 자지 못했지. 그동안 날 버티게 해준 것이 무엇인지 아니? 어린 시절, 나의 가장 행복했던 추억 속에 남은 부족 어른의 한 마디야. 그는 말했지, '우리 부족의 남자라면 어떠한 상황도 스스로 감내해낼 줄 알아야 한다'고. 물론 그때의 우리 어른들은 몰랐을 거야. 나와 그들의 후손들이 감당해야 할 현실이 사냥감을 기다리고 수원지를 찾아 헤매는 것이 아닌, 잃어버린 삶의 터전을 되찾기 위한 노력이란 걸."

자신의 할 말을 마친 아저씨는 좀 전과 같이 "팔랴!"라는 인사만을 남기고 길을 떠났다. 난 백인이 아니니 자신의 사정을 끝까지 들어줄 것이라 믿었다는 마지막 말을 남긴 채였다.

온몸을 감싸던 긴장감은 그제야 풀렸다. 해코지를 하려는 것은 아닌지, 돈을 요구하지는 않을지 온갖 걱정이 머릿속을 오가며 잔뜩 겁을 먹었음에도 그의 이야기를 끝까지 들을 수 있었던 것은 함께 자리를 지켜준 호주인 아주머니의 덕분이었다. 그녀는 그의 이야기를 듣는 내내 나의 어깨를 감싸주셨다. 겁먹은 날 대신해 그의 말에 일일이 고개를 끄덕이는 것도, 그의 손을 감싸며 위로의 말을 건네는 것도 그녀의 몫이었다. 이야기를 들어줘 고맙다던 애버리지니 아저씨의 마지막 인사말은 그녀가 받아야 마땅한 것이었다.

애버리지니 아저씨의 뒷모습이 멀어질 즈음, 아주머니는 그의 이야기에 대한 보충 설명을 해주셨다. 그녀의 설명을 빌리자면, 호주 정부는 그간 대륙의 곳곳을 개발하며 애버리지니 사람들의 생활 터전을 하나둘씩 백인 관할로 재편했다. 그 가운데 그들은 호주 시민권도, 최소한의 머물

땅도 보장받지 못한 채 쫓겨났다. 정처 없이 국가 전역을 떠도는 것만이
그들에게 허락되었다. 일련의 상황에 대해 아주머니는 호주 국민으로서
과거 정부와 선조들이 저지른 만행이 부끄럽다는 고백을 덧붙였다.

기다렸던 트램을 타고 글리넬그 비치에 도착했다. 해변은 토렌스 강의
끝자락에 있었고, 근방을 떠도는 애버리지니 사람들의 사연과는 무관하
게 그저 아름다웠다. 그 어느 곳에서도 이곳이 본래 카우르나^{Kaurna} 부족

글리넬그 비치. 빅토리아 광장에서 출발하는 트램을 타고 갈 수 있다.

사람들의 터전이었다는 흔적은 전혀 보이지 않았다. 카우르나 부족은 여느 애버리지니 사람들과 마찬가지로, 1836년 백인들이 글리넬그에 정착하면서 이곳에서 쫓겨났다. 하지만 이는 시작에 불과했다. 카우르나 부족과 다른 애버리지니 사람들은 머지않아 그들의 아이들마저 빼앗겨야 했다.

사건의 전말은 다음과 같다. 백인들은 애버리지니 사람들이 대륙 곳곳에 살고 있으며, 그들을 완전히 축출하는 것은 불가능하다는 사실을 깨달았다. 호주 정부는 애버리지니 사람들을 개화하고, 전도하며, 교육시키기로 결심했다. 애버리지니 사람들을 더는 모른 체하지 않고, 백인 사회의 일원으로 받아들이겠다는 각오였다. 이에 1871년부터 1969년까지 12살 이전의 애버리지니 아이들 4분의 1 이상이 씨족사회로부터 격리됐다. 아이들을 무능한 애버리지니 부모들로부터 떼어내 백인 기관에서 양육하려는 계획이었다.

부모로부터 격리된 애버리지니 아이들은 정부가 운영하는 훈련센터나 교회의 선교단체 등으로 보내졌다. 그들은 그곳에서 영어를 배웠고, 백인들의 문화, 예절, 종교 등을 습득했다. 그러나 그보다도 더 빠른 속도로 술과 담배, 마약에 노출됐다. 이것들은 백인 사회에서 어렵지 않게 구할 수 있었고, 아이들이 부모와 부족 사람들로부터 격리된 슬픔을 달랠 유일한 방법이었다.

마을에 남은 부모 세대의 슬픔 또한 크게 다르지 않았다. 아이들을 잃은 상실감을 조금이라도 메우기 위해 술과 담배, 마약에 의존하기 시작했다. 애버리지니 사회의 흡연율과 알코올·마약 중독률은 기하급수적으로 증가했으며, 자살률 또한 마찬가지였다.

더욱 심각한 문제는 격리됐던 애버리지니 아이들이 성인이 되며 발생했다. 16세 혹은 17세가 된 그들에게 백인 사회에 머물거나 부족 사회로 돌아가는, 두 가지 선택권이 주어졌다. 하지만 두 선택지 모두 그들에게 쉬운 길은 아니었다. 백인 사회에 남은 이들은 애버리지니 사람이란 이유로 지속적인 차별과 편견에 시달렸고, 부족으로 돌아간 이들은 생소한 언어와 생활양식 앞에서 부족민들과 갈등을 빚으며 내면의 혼란을 겪었다. 그들은 어느 곳에도 속하지 못한 채 앞선 세대와 마찬가지로 호주 전역을 떠돌았다. 애버리지니 사람들을 백인 사회에 동화시키려 애쓴 호주 정부의 노력은 참담한 실패로 끝났다.

당시 강제적인 격리를 경험했던 애버리지니 아이들은 오늘날까지도 '도둑맞은 세대Stolen Generations'라 불리며 회자된다. 부모는 아이를, 아이는 부모를 도둑맞았다. 부족 사회의 질서는 무너졌고, 무분별하게 유입된 술과 담배, 마약의 앞에서 그들은 더욱 취약한 존재로 거듭났다. 결국 애버리지니 사람들이 도둑맞은 것은 그들의 미래였다.

트램을 기다리는 동안, 애버리지니 사람들의 이야기를 찾아보려 잠시 들린 글리넬그 비치의 서점에서 지난 1년 동안 보고 들은 것 이상의 호주를 알 수 있었다. 이전까지 애버리지니 사람들에 대한 나의 인식은 언론에 보도되는 그들의 범죄 소식을 기반으로 형성돼 있었다. 또한 각 주의 주립 박물관이나 미술관에는 그들의 예술품이 상세한 설명과 함께 공들여 전시돼 있었기에, 그들을 호주 정부의 충분한 배려에도 불구하고 문제적 행동만을 고집하는 문제적 집단으로 여겼었다. 오늘의 예기치 못한 만남이 아니었다면, 그러한 나의 오해는 호주를 떠난 후에도 계속됐을 것이었다.

애버리지니 사람들에 대한 객관적 수치들은 여전히 부정적인 수준에 머물러 있다. 흡연율과 알코올 중독률은 상당히 높은 반면 교육률과 취업률 등은 현저히 낮다. 또한 그들에게 약속된 보상금은 제대로 홍보되지 않고 있으며, 영어를 몰라 서명을 못했다거나 관청에 기간 내 신청하지 못했다는 이유 등으로 보상금 지급률은 상당히 미비한 편이다.

　그럼에도 애버리지니 사람들을 위해 희망을 논하자면, 이는 어느덧 중년의 나이에 접어든 도둑맞은 세대에서 찾아진다. 그들은 1972년 캔버라의 구舊국회의사당 건물 앞에 애버리지니 천막 대사관Aboriginal Tent Embassy을 설립했다. 이곳에서 그들은 그간 백인 기관에서 교육받은 내용을 토대로 자신들의 권리를 주장하고 있다. 이후 2008년 2월 13일에는 케빈 러드 전 총리가 연방 정부와 호주 국민을 대표해 애버리지니 사람들에게 공식적인 사과를 건넸다.

　"도둑맞은 세대와 그들의 후손, 남겨진 가족들이 겪은 아픔과 괴로움에 대해 우리는 사과의 말을 전합니다. 여러분의 어머니와 아버지, 형제자매에게 가정과 지역 사회를 파탄 낸 것에 대한 사과의 말을 전합니다. 자랑스러운 여러분과 여러분의 문화에 가해진 모욕과 치욕에 대해, 우리는 사과의 말을 전합니다(For the pain, suffering and hurt of these stolen generations, their descendants and for their families left behind, we say sorry. To the mothers and the fathers, the brothers and the sisters, for the breaking up of families and communities, we say sorry. And for the indignity and degradation thus inflicted on a proud people and a proud culture, we say sorry)."

　이는 쏘리 연설'sorry' address이라 회자되며, 애버리지니 사람들의 지위를 크게 진일보시켰다고 평가된다. 덧붙여 호주의 대학생들과 일부 정치인들 사이에서는 애버리지니 사람들을 위한 인권 운동이 현재까지 계속되고 있다.

　나조차도 손님이며 동양인을 향한 편견과 싸워야 하는 이 나라에서, 내가 애버리지니 사람들을 위해 해줄 수 있는 일은 사실상 없어 보인다. 그럼에도 불구하고 난 일련의 흐름에 힘을 보태려 이 글을 쓴다. 언젠가 그들이 도둑맞은 것들을 되찾을 그 날을 위하여.

nine

지구의 배꼽

앨리스
스프링스

앨리스는 없지만
앨리스스프링스

　　　　　호주의 내륙, 황량한 사막과 황무지만이 끝없이 펼쳐진 그곳에 앨리스스프링스Alice Springs가 있다. '앨리스의 샘Alice's Spring'을 뜻하는 지명과 달리 마을에서는 어떠한 샘의 흔적도 찾을 수 없었다. 지도상에 표기된, 마을의 중심을 가로지른다는 토드 강Todd River 또한 말라버린 지 오래였다. 마을의 이름을 '앨리스의 봄'으로 바꾸는 편이 나을지도 몰랐다. 말라버린 샘spring을 되살리기는 어렵지만, 봄spring은 어찌되었든 1년에 한 번은 찾아오지 않는가. 마을 이름이 지닌 난센스는 앨리스스프링스의 주민들 또한 모르는 바가 아니었다. 그럼에도 그들이 이 이름을 고집하

앨리스스프링스의 시내는 흙먼지에 제 빛깔을 잃은 지 오래였다.

는 것은 찰스 토드Charles Todd 경을 향한 마지막 예의였다.

19세기 말, 호주 정부는 대륙 중앙을 관통하는 내륙 전신망을 세우기에 급급했다. 내륙의 황무지까지 공권력이 닿게 하려는 의도였다. 존 맥두얼 스튜어트John McDouall Stuart가 개척한 내륙 종단 루트를 따라 전신망과 전신국은 일정한 간격을 유지하며 들어섰다. 동시에 각 주에는 전신국으로 파견해야 할 의무 인원이 할당됐다. 토드 경은 당시 전신국 파견 근무자로 선발된 이들 중 한 명이었다.

내륙의 황무지에 홀로 고립돼 누구와도 말을 섞지 못하는 하루하루가 이어졌다. 한 줄의 전신조차 오지 않는 날이 비일비재했다. 하루 일과를 마친 후, 근처의 샘을 향해 사랑하는 부인 앨리스를 떠올리며 혼잣말을 읊조리는 시간만이 그에게 유일한 낙이었다. 이후 토드 경이 일했던 전신국 인근에 마을이 세워지며, 마을 사람들은 그가 즐겨 찾던 샘과 그 일대에 앨리스 부인의 이름을 붙였다.

앨리스스프링스의 건물 외벽들은 흙먼지에 제 빛깔을 잃은 지 오래였다. 거리에는 나지막한 가옥과 음석점, 기념품 가게들이 곳곳에 위치했다. 시내를 조금만 벗어나면 붉은 황무지만이 존재하기에, 이곳을 탐험하려는 괜한 시도는 하지 않는 편이 나았다.

그 가운데 저만치 낯익은 얼굴이 보였다. 하얗게 센 머리와 수염, 검정 뿔테 안경에 인자한 미소까지, 모든 것이 내가 알던 그대로인 커널 샌더스 할아버지였다. 할아버지는 호주의 여느 대도시와 한국에서 그러했듯이 KFC의 입구를 지키고 서 있었다. 그 옆으로는 '중국 음식을 판매합니다'라는 푯말의 레스토랑이 있었다. 가게는 손님들로 북적였고, 눈대중으로 보아도 부족한 구석이 없는 음식을 제공하고 있었다. 한 세기 전까지만 하더라도 사람의 발길이 전혀 닿지 않던 앨리스스프링스, 이곳에서 KFC에 이어 중국 음식점까지 볼 수 있을 줄이야.

19세기 중반 유럽에서는 호주의 내륙이 인기 탐험지로 떠올랐다. 탐험가들은 수차례 그곳을 탐험하려 시도했지만, 성공한 사람은 좀처럼 나타나지 않았다. 그들은 직감적으로 호주의 내륙을 최초로 종단한 사람에게 주어질 부와 명예를 예측했다. 탐험가들은 사비를 털거나 고위 귀족의 경제적 후원을 받아서 너도나도 호주 내륙으로 향했다.

모두가 실패를 거듭하던 가운데 스튜어트가 첫 승전보를 전해왔다. 그는 앞선 다섯 번의 실패를 딛고, 1862년 여섯 번째 탐험에서야 호주 내륙 종단에 성공했다. 마지막으로 나선 탐험 길도 순탄치는 않았다. 탐험 첫날 그는 말발굽에 걷어차여 살이 찢어지고 관절이 탈구됐다. 이후로도 동료들을 잃고, 애버리지니 사람들^Aborigine Peoples과의 전투로 죽을 고비를 넘겼으며, 마실 물이 동나 탐험대 전원이 생사를 헤맸다. 하지만 이번에는 운이 좋았다. 탐험

대원 중 누군가가 메리 강Mary River을 발견했고, 그 물줄기는 호주 북부로까지 이어졌던 것이다. 스튜어트와 일행들은 메리 강을 따라 대륙 북부의 인도양에 도착했고, 호주 내륙 종단에 성공했다.

스튜어트의 성공에 호주 국민들은 다 함께 기뻐했다. 이를 누리지 못하는 이는 스튜어트 본인뿐이었다. 계속된 탐험으로 그는 고질적인 영양실조와 괴혈병에 시달렸으며, 시력은 악화돼 사물을 분간치 못하는 지경에 이르렀다. 마지막 탐험의 귀로에서 짐짝처럼 마차에 실려 왔을 정도로, 그의 상태는 좋지 못했다. 결국 스튜어트는 종단의 기쁨과 그로 인한 부와 명예, 그중 무엇 하나 제대로 누리지 못하고 세상을 떠났다.

스튜어트 개인의 비극적 삶의 결말과는 무관하게 토드 몰Todd Mall의 가게들은 다국적 손님들로 붐볐다. 햇볕이 강렬히 내리쬐며 건조한 공기가

토드 몰은 일요일 격주로 오전 9시부터 오후 1시까지 개장한다.

토드 몰의 애버리지니 아저씨

당장이라도 누군가를 질식시키려 달려드는 이곳에서, 이 정
도의 활기를 마주할 줄은 생각지 못했었다. 불과 한 세기 전
에는 20명가량, 반세기 전에는 40명가량의 백인들만이 이곳
에 거주했음을 알기에 이러한 풍경은 더욱 놀라웠다.

　토드 몰의 가게들에서는 애버리지니 사람들이 만든 목각
공예품과 예술품, 그림 등을 팔고 있었다. 하지만 무엇을 판
매하는지와 무관하게 가게의 주인과 종업원들은 온통 백인
들뿐이었다. 애버리지니 사람들은 거리의 뒷골목에서나 볼
수 있었다. 그들은 몸을 낮게 구기고 앉아 거리를 오가는 백
인들을 향해 알 수 없는 소리를 질러댔다. 간혹 몇몇 애버리
지니 사람들은 좌판을 펴고 앉아 그들의 전통 예술품을 판매
했지만, 백인들은 그들을 본 척도 들은 척도 하지 않았다.

　사실 이들 사이의 알력 다툼은 하루 이틀의 일이 아니다.

STUART TOWN GAOL

1909 — 1938

TIONAL TRUST OF AUSTRALIA N.T.

이는 지금으로부터 약 100년 전 백인들이 호주의 내륙에 정착함과 동시에 시작됐다. 당시 20명에 불과했던 백인들이 앨리스스프링스에 정착과 동시에 시작한 일이 무엇인지 아는가? 스튜어트 타운 감옥Stuart Town Gaol을 짓는 것이었다. 이는 애버리지니 사람들을 겨냥한 행보였고, 감방이 가득 차기까지는 그리 오랜 시간이 걸리지 않았다.

그들의 신경전은 이후로도 계속됐다. 1920년 호주 정부는 내륙의 황무지 상당 부분을 애버리지니 보호 구역Aboriginal Reserve and Sanctuaries 으로 지정했다. 보호 구역을 지정한 표면적인 목적은 애버리지니 사람들의 삶을 보장하는 것이지만, 법령의 실상은 그들에 대한 백인들의 감시와 처벌을 합법화하는 것이었다. 백인들은 수시로 보호 구역을 오가며 잠재적 위험 요소들에 가차 없이 총격을 가했다. 이때 '잠재적 위험 요소'라 일컬음은 애버리지니 사람들을 뜻했다.

앨리스 플라자Alice Plaza에서는 현재까지 남아 있는 그들을 향한 차별을 보다 선명히 경험할 수 있었다. 화장실 앞에는 1회 사용 시 50센트를 지불해야 하며, 이를 어길 경우 법적 처벌까지 각오해야 한다는 표지판이 붙어있었다. 하지만 사용료를 지불하려는 내게, 경비 아저씨는 뭘 굳이 그러냐며 화장실을 기꺼이 공짜로 이용하도록 해주었다. 안내문은 백인이나 다른 여행객들로부터 수익을 거두려는 것보다 애버리지니 사람들의 출입을 제한하기 위한 것이었다. 애버리지니 사람들을 향한 보이지 않는 총격, 그리고 평생을 얼굴 맞대며 지낼 그네들보다 이곳에 며칠만 머물다 떠날 여행객들에게 친절한 도시. 이것이 앨리스스프링스에 대한 첫인상이었다.

▶ 앨리스스프링스의 대형 쇼핑몰, 앨리스 플라자
▼ 앨리스 플라자의 화장실. 50센트의 이용료를 지불해야 한다.

플린 목사의
구원

세간에 알려진 부족한 여행 정보에 대한 우려 때문일까? 마을 곳곳에는 앨리스스프링스 유산 구역Alice Springs Heritage Precinct을 알리는 표지판이 세워져 있었다. 비록 소수일지라도 이곳을 찾는 여행객들에게 편의를 제공하기 위해서리라.

표지판을 따라 도착한 첫 번째 장소는 앨리스스프링스 파충류 센터Alice Springs' Reptile Centre. 전국 최대 규모를 자랑하며, 세계에서 가장 유독한 뱀과 도마뱀들이 서식하는 곳이었다. 방문객들은 큰 도마뱀, 목도리 도마뱀, 도깨비 도마뱀 등 다양한 도마뱀뿐만 아니라 거대한 바다악어 테리Terry가

비단뱀과 도마뱀들을 잡아먹는 모습을 실시간으로 감상할 수 있다. 다소 괴기했던 그 장면은 방문객들에게 특별한 볼거리를 제공하는 동시에, 센터 내 파충류들의 개체 수가 무분별하게 증식하는 것을 막기 위한 목적을 가지고 있었다.

안내 표지판을 따라 도착한 앨리스스프링스의 다른 곳들도 제법 훌륭한 볼거리를 제공했다. 앨리스스프링스에 최초로 세워진 하틀리 스트리

◀ 호주 내륙에 서식하는 도마뱀과 비단뱀

1 호주 내륙에 세워진 최초의 학교인 하틀리 스트리트 학교
2 한때 호주 내륙의 주요 부처였던 옛 입법부 공관
3, 4 호주 내륙을 종단한 존 맥두얼 스튜어트에게 헌정된 스튜어트 기념비

트 학교Old Hartley St. School나 옛 입법부 공관The Residency, 스튜어트 기념비Stuart Memorial 등은 충분한 역사적 의의를 담고 있었다. 그중에서도 나의 이목을 잡아 끈 곳은 존 플린 메모리얼 교회John Flynn Memorial Church와 그 벽면의 하얀 십자가였다. 그곳에는 황량하다고만 느껴진 호주 내륙 황무지에 대한 인상을 바꿔줄 인정 넘치는 사연이 담겨 있었다.

호주 내륙에 세워진 최초의 병원, 애들레이드 하우스

이야기의 주인공인 존 플린John Flynn은 호주 내륙에 대한 순수한 애정을 갖고 있던 사내였다. 그는 영국의 부유층 자제였음에도 재산권을 포기한 채 목사 안수를 받았고, 기꺼이 앨리스스프링스로 향했다. 플린은 이곳에서 선교 활동을 하기 원했다.

하지만 앨리스스프링스에서 그가 직면한 상황은 무엇 하나 순탄한 것이 없었다. 40명 남짓한 마을 주민들은 기본적인 의식주를 해결하는 것도 어려운 처지였다. 그들은 약이 없어 간단한 질병도 고치지 못했고, 아이들은 정처 없이 황무지를 떠돌았다. 의료나 교육 서비스는 그들과 전혀 무관한 이야기였다. 선교 활동을 하기에 앞서 의료와 교육 시설을 구축하는 것이 무엇보다 시급한 상황이었다.

플린 목사는 정부의 지원금에 약간의 사비를 보태, 애들레이드 하우스Adelaide House를 건립했다. 호주 내륙에 세워진 최초의 병원이었다. 그는 앨리스스프링스뿐만 아니라 호주 내륙에 거주하는 전 국민에게 의료 서비스를 제공하는 것을 병원의 설립 취지로 내걸었다. 충분한 숫자의 의료진이 최신 의료장비와 의약품을 갖춘 채 항시 대기했다. 하지만 플린 목사의 예상과 달리 병원을 방문하는 환자들은 극소수에 불과했다. 최소한의 의료비만을 수금했기에 경제적 이유로 진료를 거부하는 환자들도 없을 터였다. 원인을 찾던 플린 목사는 애들레이드 하우스가 직면한 본질적인 문제점과 맞닥뜨렸다. 호주 내륙의 거주민들은 앨리스스프링스 외에도 수원지가 마련된 곳곳에 흩어져 거주했다. 마을 간의 거리는 상당했고, 그 때문에 다른 지역 환자들이 아픈 몸을 이끌고 애들레이드 하우스에 당도하기란 사실상 불가능했다. 간혹 질병을 참다못해 애들레이드 하우스로 향한 환자들은 면역력이 저하된 채로 장거리를 걸어서 이동한 탓에 예기치 못한 합병증을 얻는 일이 잦았다. 일례로 호주 내륙의 깊숙이에 살던 지미 다아시Jimmy Darcy의 사연을 살펴보자.

다아시는 방광염에 걸려 극심한 고통에 시달렸다. 참다못한 그는 위스키를 진통제로 삼아 열흘이 넘도록 걸어 애들레이드 하우스에 도착했다. 의료진의 치료로 방광염은 곧 완치되었다. 하지만 다아시는 애들레이드 하우스를 향하던 중에 말라리아와 악성 종양에 걸렸고, 결국 그로 인해 사망했다.

다아시와 비슷한 사연을 가진 사람들 상당수가 호주 내륙에 거주했다. 따라서 플린 목사는 환자들의 이동 경로를 최소화하면서 그들에게 의료 서비스를 전할 방도를 고심했다.

로열 플라잉 닥터 서비스 센터는
호주 전역의 오지 거주민들에게 의료 서비스를 제공한다.

로열 플라잉 닥터 서비스Royal Flying Doctor Service는 그렇게 해서 고안된 아이디어였다. 환자들이 병원을 찾아올 수 없다면 의료진이 직접 그들을 찾아가면 되었다. 플린 목사는 정부의 허가하에 제2차 세계대전 당시 사용되던 항공기들을 개조했고, 그 내부에 병원 시설을 옮겨 실었다. 이들은 일반 항공기에 비해 널찍한 실내 공간을 가지고 있었기에, 환자들의 진료뿐 아니라 경우에 따라서는 간단한 수술도 가능했다. 그들은 이제 가족이나 이웃 중 누군가를 통해 애들레이드 하우스로 전신만 보내면 됐다. 잠시만 기다리면 옛 전투용 항공기들이 의료진과 의료기구를 싣고 그들의 집 앞에 당도할 것이었다.

이후 로열 플라잉 닥터 서비스는 교육 서비스에까지 그 혜택의 범위를 확장했다. 호주 내륙의 아이들은 근처 전신국으로 가서 매일 1시간씩 정규 수업에 참여했다. 수업은 전신과 라디오를 통해 이루어졌고, 수업에 필요한 자료들이나 과제물은 로열 플라잉 닥터 서비스에 등록된 항공기들을 통해 운반되었다. 아이들은 대도시의 선생님들로부터 과제물을 검사받고, 새로운 교재를 제공받았다. '스쿨 오브 에어School of the Air'라 불리는 서비스를 통해 호주 내륙의 아이들은 호주 국민으로서 요구되는 적절한 교육 과정을 이수할 수 있게 됐다.

토드 몰을 따라 걸은 길 끝에는 앤잭 힐Anzac Hill이 솟아 있었다. 언덕 위의 하얀 위령탑에는 "Lest We Forget(그렇지 않다면, 우리는 잊을 것입니다)"란 문구가 쓰여 있었다. 호주의 대도시 여느 곳과 마찬가지로 앨리스스프링스에서도 세계대전의 희생자들을 기리고 있었다. 그들 앞에서 잠시 묵념하는 것을 끝으로 앨리스스프링스에서의 이튿날은 막을 내렸다.

LEST
WE
FORGET

앤잭 힐의 위령탑. 세계대전에서 전사한 이들을 기리기 위해 세워졌다.

프런티어를
넘어서

승합차는 이른 새벽부터 앨리스스프링스의 곳곳을
돌았다. 커다란 배낭을 맨 이들이 승합차에 올라탔고, 이들의 머릿수를 확
인한 후 가이드는 액셀러레이터를 밟았다. 그녀의 이름은 소피Sophie, 나이
는 나와 같았지만 몇 년째 가이드 생활을 해온 베테랑이
었다. 함께 승합차에 오른 일행들은 그녀를 따라서 2박 3
일간 호주 내륙 투어*를 할 예정이었다.

* 킹스 캐니언, 울룰루, 카타
추타를 방문하려면, 2박 3일
또는 3박 4일의 현지 투어에
참여하는 것이 좋다.

소피는 거침없이 도로를 질주했다. 간혹 야생동물 주의 표지판이 눈에
띄었지만, 도로를 달리는 대부분의 시간 동안 호주의 내륙에는 우리 외에
다른 사람을 찾아볼 수 없었다. 이후 프런티어 낙타 농장the Frontier Camel Farm

프런티어 낙타 농장. 프런티어는 '개척지와 미개척지 사이의 경계'를 뜻한다.

에 도착해서야 그녀는 차를 멈췄다. 프런티어frontier는 '개척지와 미개척지 사이의 경계'를 뜻하며, 농장을 벗어나는 순간 마주하게 될 공허함을 예고했다.

농장에 있는 20마리가 넘는 낙타들은 쏠쏠한 눈요기를 제공했다. 그들은 큰 눈을 연신 껌뻑였고, 여물을 질겅이며 콧바람을 내뿜었다. 농장의 안내판에는 낙타는 본래 호주의 토착 동물종이 아니며, 중동이나 아프리카 등지에서 수입됐다고 적혀 있었다. 그러나 낙타와 호주 내륙, 그 사이에서는 일말의 위화감도 찾아볼 수 없었다. 낙타는 한 동이의 물로도 2주를 버티며, 한 번에 300~400kg의 짐을 거뜬히 실어 나른다. 이런 낙타의 특징은 유럽인들이 호주 내륙을 탐험하는 과정에 크게 일조했다. 훗날 내륙 전신망과 철길이 들어서는 과정에도 낙타들은 건축 자재와 인부들의 생필품을 옮기며, 공사를 도왔다. 철길이 완공된 후에는 낙타 열차Camel Train로 불리며, 기차에 실려 온 물품들을 내륙의 마을 곳곳에 전달했다.

프런티어 낙타 농장을 시작으로 소피는 본격적으로 내륙의 남서쪽 황무지를 향해 차를 몰았다. 오늘은 와타르카 국립 공원Watarrka National Park 근방의 캠핑장에 짐을 푼 후, 킹스 캐니언Kings Canyon에 오를 예정이었다. 킹스 캐니언까지 가는 길, 소피는 앞으로 2박 3일을 함께할 사이인 만큼 서로를 소개하며 알아가는 것이 어떠냐며 운을 띄웠다. 이름과 국적, 호주 내륙을 향하게 된 경위, 그리고 디즈니 애니메이션 〈백설공주와 일곱 난쟁이〉 중 가장 좋아하는 난쟁이를 말해달라는 부탁과 함께였다.

잠시의 웃음이 주변을 휩쓸고 지나간 후, 사람들은 하나둘씩 자신의 이야기를 시작했다. 유럽에서 건너온 쌍둥이 형제와 신혼여행 중인 일본인 부부를 비롯해 혼자만의 여행을 즐기기 위해 투어에 참여한 사람이 다수였다. 그리고 일행 중 대부분은 일곱 난쟁이 중 해피Happy를 가장 좋아하는 녀석으로 골랐다. 나 역시도 해피를 선택했는데, 이는 녀석을 제외한 나머지 난쟁이들의 이름이 기억나지 않았기 때문이었다.

해는 중천에서 약간 기울었고, 우리는 킹스 캐니언을 오를 준비가 되어 있었다. 호주의 내륙에서는 태양이 강렬한 한낮의 트래킹이 지양되는 만큼 킹스 캐니언을 오르기에는 지금 이 시간이 제격이었다. 길을 떠나기에 앞서 소피는 몇 가지 주의사항을 주지시켰다. 선크림을 온몸에 바를 것, 모자를 착용할 것, 1인당 2L의 물을 챙길 것 등이었다. 호주 내륙을 처음 여행하는 이들은 종종 자신의 체력을 과신하지만, 이곳에서의 매 순간은 단거리가 아닌 장거리 달리기와도 같다. 여행객들은 가능한 모든 방법을 동원해 햇빛으로부터 자신을 지켜야 하고, 갈증과 상관없이 계속해서 수분을 섭취해야 하며, 매시간 그늘에서 의무적인 휴식을 취해야만 한다.

킹스 캐니언은 조지 길 산맥George Gill Range의 서쪽 끝에 위치한 협곡으로, 1872년 탐험가 어니스트 자일스Ernest Giles에 의해 발견됐다. 애석하게도 협곡은 카타 추타Kata Tjuta와 같은 해에 발견되는 바람에 카타 추타에 밀려 그 진면목을 충분히 인정받지 못했다. 이듬해 울룰루Uluru가 발견되며, 킹스 캐니언을 향한 관심은 더욱 줄어들었다. 킹스 캐니언은 만년 2인자 신세였다.

킹스 캐니언에는 협곡을 따라 걷는 3개의 산책로가 마련돼 있었다. 왕복 1시간 거리의 킹스 크릭 산책로Kings Creek Walk, 반나절 거리의 킹스 캐니언 산책로Kings Canyon Walk, 그리고 2~3일에 걸쳐 어니스트 자일스의 족적을 그대로 따라 밟을 수 있는 자일스 트랙Giles Track까지. 그러나 마지막 산책로는 킹스 캐니언은 물론 울룰루와 카타 추타까지 2박 3일 동안 모두 둘러보려는 빠듯한 일정을 계획한 우리에겐 해당 사항이 없는 선택지였다. 이에 소피는 킹스 크릭과 킹스 캐니언 산책로 중 어떤 길을 먼저 걷고 싶은지를 물어왔다. 하나는 오늘 오후에, 다른 하나는 내일 오전 중에 걸을 계획이었다. 조삼모사격인 선택이었지만, 사람들은 조금이라도 짧은 킹스 크릭 산책로를 먼저 택했다.

킹스 크릭 산책로는 협곡의 바닥에서부터 시작됐다. 해는 중천에서 벗어났음에도 여전히 뜨겁게 내리쬤고, 주변은 숨이 막힐 정도로 건조했다.

시야를 채운 것은 적갈색 돌무더기와 말라비틀어진 나무 몇 그루뿐, 살아 있는 생명체라고는 간혹 모습을 드러내는 도마뱀뿐이었다. 길을 걸으며 계속 물을 마셔서 2L짜리 물통이 점점 가벼워진 것만이 유일한 위로가 되었다. 이윽고 킹스 크릭 산책로의 끝에 도착했다. 사방을 감싼 협곡이 시야를 가렸고, 시선이 닿는 곳마다 기묘하지 않은 구석이 없었다.

다음날, 킹스 캐니언 산책로를 따라 걸으며 마주한 광경은 전날 킹스 크릭 산책에서 느꼈던 감탄, 그 이상의 찬탄을 자아냈다. 연이어 펼쳐지는 장관은 비슷해 보이되 서로 다른 감흥을 불러일으켰고, 붉은색 돌들은 무엇 하나 똑같은 모양새가 없었다. 하지만 이를 감상하는 중에도 위기의 순간은 찾아왔다.

▲ 킹스 캐니언. 1872년 탐험가 어니스트 자일스에 의해 발견됐다.
▼ 에덴동산은 킹스 캐니언에 서식하는 동물들의 안식처가 되었다.

소피의 뒤를 따라 킹스 크릭과 킹스 캐니언 산책로의 갈림길을 지난 지 10분도 채 지나지 않아 심장마비 언덕Heart Attack Hill을 만났다. 가파른 돌계단은 보는 것만으로도 숨이 막혔고, 첫 걸음을 내딛는 순간 더 큰 압박감으로 다가왔다. 저 끝까지 심장마비를 일으키지 않고 무사히 올라선다면 다행이었다.

겨우 언덕의 끝에 올랐을 때, 산책로의 양옆으로는 킹스 캐니언 일대의 장관이 펼쳐졌다. 곳곳에 즐비한 기암괴석을 구경하다 보니, 에덴동산 Garden of Eden에 금세 당도했다. 에덴동산은 협곡 깊숙한 곳에서 샘이 솟아나 물이 고인 곳으로, 협곡에 사는 몇 안 되는 동식물의 안식처가 되었다. 샘 근처에서 자라 있는 식물들의 푸른빛에, 이틀째 붉디붉은 광경으로 지쳐 있던 눈도 잠시나마 쉴 수 있었다.

곧이어 붉은 모래가 겹겹이 쌓여 형성된 반구형의 모래 돔들이 솟아났다. 폐허가 돼버린 도시를 연상시키는 모양새로 인해, 일대 지명은 잃어버린 도시the Lost City로 불렸다. 계속해서 등장하는 협곡의 다른 모습에 일행들은 좀처럼 입을 다물지 못했다. 소피 또한 수차례 이곳을 오갔음에도 새삼스러운 감탄을 표했다. 협곡은 그 규모만큼이나 압도적인 광경을 선사했고, 광활한 자연 앞에서 인간은 너무나도 작은 존재에 불과했다. 존재에 대한 겸손, 이것이 킹스 캐니언에서 배운 교훈이었다.

잃어버린 도시. 붉은 모래가 겹겹이 쌓여 반구형의 모래 돔들을 형성했다.

세상의 중심에서
호주를 외치다

호주 내륙을 관통하는 도로. 함께 버스를 탄 이들 외에 누구도 찾아볼 수 없었다.

           끝없이 펼쳐진 도로의 저편은 오늘도 붉은 황무지 뿐이었다. 반복적인 풍경에 호주 내륙을 찾은 여행객들은 스스로가 어느 곳에 있는지조차 가늠하기 힘들었다. 일행들은 그저 소피의 운전 실력을 믿은 채 하나둘씩 잠이 들었다. 색색거리는 숨소리와 에어컨 돌아가는 소리만이 차 안을 채웠다. 나른하고 평화로웠던 분위기는 소피의 갑작스러운 호들갑과 함께 깨어졌다. 그녀는 돌연 저 멀리 보이는 거대한 붉은 바위를 가리키며, "울룰루Uluru다!"라고 외쳤다.

울룰루와 마주했다는 감흥은 모두의 잠을 깨우기에 충분했다. 울룰루를 보기 위해 이 먼 곳까지 발걸음을 한 사람들이 대부분이었기에 일행은 분주히 차에서 내려 사진을 찍었다. 거리가 멀어 그 모습을 온전히 감상할 수는 없었지만, 그럼에도 울룰루는 그 이름만으로 모두를 들뜨게 만들었다. 하지만 소피는 일행들의 흥분이 가라앉길 기다렸다가 돌연 장난기 어린 표정을 지으며 말하기 시작했다.

"여러분 미안해요. 사실 저 바위는 울룰루가 아니라 풀룰루^{Fooluru}에요. 아, 그렇게까지 당황스러운 표정을 지을 필요는 없어요. 여러분 말고도 많은 여행객들이 풀룰루를 울룰루로 착각하는 실수를 범하거든요. 오죽하면 코너 산^{Mt. Conner}이란 본래의 이름 대신, '바보^{fool}'란 접두사가 붙은 별명인 풀룰루로 더 알려져 있겠어요."

어쩐지 예상보다 일찍 드러난 울룰루의 모습에 의아했더랬다. 이는 울룰루가 유일무이한 존재가 아닌 인젤베르크^{inselberg}란 지형물에 불과했기에 일어난 착각이었다. 인젤베르크는 광활한 평지 위에 홀로 솟아 있는 언덕을 일컫는다. 멀리서 바라보면 바다에 떠 있는 섬처럼 보여서 도상구릉^{島狀丘陵}이라고도 불린다. 주로 덥고 건조한 지역에서 생성되기 때문에 호주 내륙은 인젤베르크가 형성되기 위한 최적의 조건을 갖추고 있다. 실제로 이곳에서는 울룰루와 풀룰루 외에도 다수의 인젤베르크가 발견된다.

풀룰루를 지나쳐 울룰루에 도착하기까지는 다시금 먼 길을 달려야 했다. 바깥 풍경은 변함없이 적갈색을 띠었고, 점심은 길가에 차를 세운 채 간단히 샌드위치로 해결했다. 만일 카타야마 쿄이치의 소설《세상의 중심에서 사랑을 외치다》를 읽지 않았더라면, 덥고 건조한 날씨에 부실한 식사를 하면서까지 울룰루에 꼭 가야 하느냐고

'풀룰루'라는 이름으로 더 잘 알려진 코너 산

불평을 쏟아냈을지도 모른다.

그의 소설은 '아침에 눈을 떠서 나는 또 울었다'라는 문장으로 시작한다. 여자 친구 아키를 떠나보낸 남자 주인공 사쿠의 심경이 담긴 문장이다. 아키는 재생불량성 빈혈에 걸려 고등학교를 졸업하기도 전에 세상과 작별을 고했다. 울룰루는 아키의 생전에, 언젠가 병이 낫는다면 사쿠와 함께 가볼 약속의 땅이었다.

소설은 홀로 남은 사쿠가 아키의 유골함을 들고, 울룰루를 방문하며 끝이 난

울룰루로 신혼여행을 온 일본인 부부

다. 비록 소설일지라도 누군가는 죽어 가면서까지 방문하고 싶어 한 곳을, 단지 길이 멀고 험하단 이유로 불평만 쏟아낼 수는 없었다. 심지어 일행 중에는 사쿠와 아키의 이야기로부터 감명받았음이 분명한, 울룰루를 신혼여행지로 택한 일본인 부부가 있었다.

하지만 이러한 정황들로 인해 잊지 말아야 할 사실은 울룰루가 연인들의 낭만이 깃든 장소로 거듭난 것이 불과 몇 년 전의 일이라는 것이다. 이전까지 울룰루로 대표되는 호주의 내륙은 연인들의 로맨스는커녕 풀 한 포기 찾아볼 수 없는 황량한 황무지에 불과했다. 호주를 찾은 대부분의 여행객들은 시드니와 멜버른을 둘러본 후, 이 나라의 전부를 보았다며 귀국을 서두르는 것이 다반사였다.

1873년 울룰루를 최초로 발견한 윌리엄 고스William Gosse의 반응 또한 다르지 않았다. 고스는 자신이 발견한 거대한 지형지물이 훗날 '지구의 배꼽'이라 불리며, 죽기 전 반드시 봐야 할 명소로 거듭날 것을 꿈에도 생각지 못했다. 그가 겸허히 자신의 이름이 아닌, 사우스 오스트레일리아 주의 총독 헨리 에어즈Henry Ayers 경의 이름을 이곳에 남긴 것은, 바로 그런 연

유였다. 울룰루는 한동안 에어즈록Ayers Rock, '에어즈 경
의 바위'라는 무성의한 이름으로 불렸다. 소피가 울룰루
로 향하기 이전 울룰루-카타 추타 문화 센터Uluru-Kata Tjuta
Cultural Centre에 들린 것은 울룰루가 겪었던 지난날의 푸대
접을 잘 알고 있기 때문이었다. 그녀는 적어도 우리만
큼은 울룰루를 거대한 지형지물 그 이상의 가치를 지닌
곳으로 봐주길 원했다.

울룰루-카타 추타 문화 센터에서는 울룰루의 돌조각
을 하나라도 집어 간다면 병에 걸린다는, 이집트의 피라
미드에서나 전승될법한 전설을 들을 수 있었다. 그리고
이를 뒷받침하듯 문화 센터의 내부에는 어느 관광객의
사과문과 그가 반환한 돌조각이 전시돼 있었다. 정중한
사과의 말을 담은 편지의 끝에는 "돌조각을 반환한 후,
그의 병은 머지않아 나았습니다"라는 다소 뻔한 결말이
쓰여 있었다.

* 울룰루의 한 바퀴를 온전히 걸어 둘
러보기란 사실상 불가능하다. 울룰루
를 둘러싼 마라 산책로(Mala Walk),
룽카타 산책로(Lungkata Walk), 쿠
니야 산책로(Kuniya Walk) 중 한 곳
을 선택해 걸어보자. 도보로 둘러보
지 못한 곳은 차량을 이용해 살펴보
면 된다.

잠시 후 진짜 울룰루*에 도착
했다. 높이 348m, 둘레 9.4km의
울룰루는 사진으로 가늠했던 것
보다 훨씬 거대하며 검붉었다.
멀리서 보기에는 커스터드 푸딩

을 닮았고, 가까이 다가서자 생각보다 많은 패인 자국들
을 볼 수 있었다. 빗물이 흘러내리며 흔적을 남긴 검은
가로줄도 곳곳에 남아 있었다. 오랜 세월의 흐름이 울룰
루 겉면에는 고스란히 새겨져 있었다.

이런 울룰루는 애버리지니 사람들에게 있어 세상이
처음 시작된 곳으로 여겨질 만큼 신성시되는 땅이었다.

266

그들은 부족별로 각기 다른 드림타임을 숭상하지만, 울룰루에 대한 신념만은 동일하다. 매년 울룰루에서 그들만의 종교의식을 가지며, 그 규모는 호주 전역의 애버리지니 사람들이 참여하는 만큼 상상을 초월한다.

울룰루를 향해 내리쬐던 태양은 점차 기울었다. 그리고 하늘이 차츰 다홍빛을 띨 무렵, 소피는 부지런히 차를 몰아 근처의 전망대로 향했다. 거대한 울룰루가 한눈에 담기는 장소에는 이미 다수의 사람들이 모여 울룰루의 일몰을 기다리고 있었다. 해가 기우는 각도에 따라 눈앞의 지형지물은 시시각각으로 색을 달리했다. 붉은빛에서 보랏빛에 이르기까지 이름붙이기 어려울 정도로 수많은 색들이 울룰루를 덧입혔다. 그 황홀한 풍경을 보고 있자니, 1992년 이곳을 방문한 존 F. 케네디John F. Kennedy 전 미국 대통령의 여행 후기가 비로소 이해됐다.

"직접 가보지 않는다면, 당신은 절대로 알 수 없을 것입니다(You'll never never know, if you never never go)."

다음날 새벽, 해가 뜨지도 않은 이른 시간부터 소피는 일행들을 깨웠다. 우리는 카타 추타KataTjuta의 일출을 보러 갈 준비를 서둘렀다. 희미한 불빛만이 차 안을 맴돌았고, 소피는 문득 조수석의 서랍을 열어 카세트테이프를 꺼냈다. 곧이어 흥겨운 멜로디가 우리를 감쌌다. 노래 한 곡조가 끝나길 기다린 그녀는 이를 함께 배워보지 않겠냐며 우리에게 제안했다. 그 노랫말은 다음과 같았다.

Give me a home among the gum trees(유칼립투스 사이 집을 주세요)

With lots of plum trees(자두나무도 많고)

A sheep or two and a kangaroo(양 한두 마리와 캥거루)

A clothes line out the back(집 뒤에는 빨랫줄)

Verandah out the front(앞마당에는 차양과)

And an old rocking chair(오래된 흔들의자)

일행들이 가사를 숙지하길 기다려, 소피는 잠시 갓길에 차를 세우고 간단한 율동을 선보였다. 머리 위로 삼각형을 만들어 집을 표현하고, 두 손으로 뿔을 만들어 양을 표현하는 등 가사에 따라 으레 예상되는 쉬운 동작들이었다. 우리들은 머지않아 같은 노랫말을 흥얼거리며 손동작을 반복했다. 유칼립투스 사이에 살고 싶다는 노랫가락은 울룰루와 카타 추타의 일출을 보려는 전망대까지 이어졌다.

울룰루와 카타 추타의 새벽은 보랏빛을 시작으로 서서히 붉은 물이 들었다.

바람의 계곡은 카타 추타의 여러 산책로 중 가장 유명하다.

전망대에서는 25km 떨어진 울룰루와 카타 추타의 모습이 한눈에 들어왔다. 곧이어 태양이 고개를 내밀었고, 검푸르던 하늘은 보랏빛, 연분홍빛을 거쳐 다홍빛에 이르기까지 계속해서 색깔을 달리했다. 검은 형체만으로 짐작되던 울룰루와 카타 추타도 점차 윤곽을 드러내며 본래의 적갈색을 되찾았다.

더는 태양을 맨눈으로 바라볼 수 없을 즈음에야 우리는 발걸음을 돌렸다. 카타 추타, 번역하자면 '많은 머리many heads'가 밀집된 곳으로 향할 시간이었다. 카타 추타는 애버리지니 사람들이 붙인 이름으로, 그들은 36개의 크고 작은 언덕들이 얽혀있는 모습을 많은 머리에 비유했다.

카타 추타에는 12개의 산책로가 존재하며, 그들 중 현재는 바람의 계곡the Valley of the Winds 산책로와 왈파 협곡Walpa Gorge 산책로만이 개장돼 있었다. 두 곳 중 거리는 길지만 여행객들이 더 선호하는 바람의 계곡 산책로를

270

따라 걷기 시작했다. 자신을 방문한 것에 대한 환영 인사였을까? 카타 추타의 머리들은 트래킹을 하기에 적당한 그늘을 만들어줬다. 비록 붉은 바위와 자갈들만이 시야를 채웠지만, 전날의 킹스 캐니언 산책로보다는 걷기가 한결 수월했다. 그러나 이러한 생각을 한 것도 잠시, 발밑의 돌들은 점차 가파르게 쌓여갔다. 머지않아 등장한 둔덕에서는 무게중심을 최대한 낮추고 기다시피 오르는 것이 최선이었다.

둔덕을 넘자 산책로는 금세 좁은 오솔길로 탈바꿈했다. 한 사람이 겨우 지나갈 법한 폭에, 우리는 좀 전의 고생은 잊고 키득거리기 시작했다. 소피를 선두로 서로의 뒤통수만을 보고 걷자니 마치 소풍 나온 초등학생이 된 기분이었다. 이후 돌계단을 따라 그 길의 끝에 올랐을 때, 우리는 비로소 오늘의 종착지에 도착할 수 있었다.

카타 추타를 마지막으로, 호주 내륙에서의 2박 3일은 끝이 났다. 태울 듯이 내리쬐는 태양도, 시야를 온통 채운 적갈색 돌들도 내일이면 더는 볼 수 없을 터였다. 다시금 문명으로 돌아가기 직전, 우리는 카타 추타를 배경으로 마지막 단체 사진을 찍었다. 태양의 열기에 지쳐 많은 이야기를 나누지는 못했지만, 호주 아웃백에서의 며칠은 서로가 서로에게 정들기 충분한 시간이었다.

ten

대륙의 북쪽 끝

다윈

다윈에 남은
두 번의 상처

　　　　　　비행기 체크인 시간이 종료된 지 8분 후, 허겁지겁 공항에 도착했다. 카운터를 찾아가 사정을 설명했지만, 항공사 측에서 표를 내어줄 리는 만무했다. 탑승이 예정돼 있던 다윈Darwin행 비행기가 아직 이륙하지 않았음은 그들도 나도 알고 있었지만, 예외는 없었다.

　다음 비행기는 꽤나 늦은 시간에 있었다. 공항에 비치된 여행 책자를 몇 번이나 반복적으로 뒤적이고, 간단한 샌드위치로 끼니를 때운 후에야 다윈행 비행기는 탑승객을 받기 시작했다. 항공료를 이중으로 지불했다는 씁쓸함 못지않게, 6시간을 꼼짝없이 공항에 발이 묶여 있게 된 아쉬움도 컸다. 예정대로라면 지금쯤 난 다윈의 어느 한적한 바닷가를 걸으며, 짭짤한 바다 내음을 들이마시고 있어야 했다.

　비행기가 이륙하기 직전, 덥수룩한 수염의 동양인 아저씨가 비어 있던 옆자리로 들어왔다. 그는 자리에 앉기까지 한결같이 분주했다. 앨리스스프링스Alice Springs의 흙먼지가 잔뜩 묻은 그의 배낭은 좀처럼 비행기 캐비닛 안에 들어가지지 않았고, 그는 이 문제를 스스로 해결할 만큼 키가 크지 않았다. 결국 주변의 승객들을 제치고 승무원이 도착해서야 상황은 안정됐고, 그는 자리에 앉을 수 있었다.

　잠시 후 아저씨는 일본에서 왔다며 자신을 소개했다. 그는 앨리스스프링스에서 다윈을 향하는, 흔치 않은 여행길의 동승자가 동양인임을 알아보고 반색했다. 그는 간만에 조우한 동양인을 그냥 스쳐 보낼 생각이 없었는지 내게 말을 걸었다. 대화의 행방은 호주를 방문한 경위나 그간 둘러본 여행지를 시작으로 양국의 문화와 정치, 경제, 외교 문제로 이어졌다. 일본 총리의 신사 참배나 독도의 영유권 분쟁, 위안부 할머니들에 대한 처우 문제 또한 피해갈 수 없는 주제였다.

대화는 잠시 격양됐지만, 우리는 이내 이곳이 호주의 상공임을 기억해 냈다. 승객 대부분이 평화로운 비행을 원할 것이었고, 그와 나의 입장 차이를 좁히기란 불가능해 보였다. 물론 여행 중에 만난 한 개인의 생각을 국가 전체의 입장과 동일시할 수는 없다. 하지만 스스로 용서의 당위성을 나열하며, 과거는 과거일 뿐이라는 가해자 앞에서 피해자는 울분을 터뜨릴 수밖에 없다. 용서는 가해자가 아닌 피해자가 하는 것이다.

다윈 또한 일본과는 약간의 껄끄러운 관계에 있는 도시이다. 악연은 1942년 2월 19일, 제2차 세계대전이 한창이던 어느 새벽에 시작되었다. 그날 다윈 주민들은 돌연 귓가를 울리는 폭음에 잠에서 깼다. 그리고 그로부터 10분 후 그들은 영면했다. 일본군이 진주만을 공격할 때와 같은 방식으로 188대의 전투기를 몰고 와 다윈에 폭격을 퍼부은 것이다. 사상자는 민간인만 243명으로 집계됐고, 주택과 여타 건물들은 잔해만이 남았다.

하지만 이는 시작에 불과했다. 이 날의 공격을 시작으로 다윈에는 100차례가 넘는 폭격이 추가적으로 가해졌다. 1만 명에 달하는 호주 병력이 다윈에 집결했지만, 매번 100대 이상의 전투기로 공습을 퍼붓는 일본군의 앞에서는 속수무책이었다. 3년 후 전쟁이 막을 내렸을 때, 다윈은 이미 황폐화된 후였다. 다윈 사람들은 도시 건립을 처음부터 다시 시작해야 했다.

제2차 세계대전이 다윈에 남긴 상흔은 현재까지도 다윈의 해안선을 따라 남아 있다. 이는 다윈 시내와 맞닿은 라메루 비치Lameroo Beach에서부터 확인됐다. 바닷가 곳곳에 남아 있는 포환 자국은 옛 다윈이 겪었던 전쟁의 긴급함을 떠올리게 했다. 도처에 세워진 안내판에는 전시 상황에 대한 상세한 묘사가 담겨 있었다.

다윈에 남은 전쟁과 사이클론의 피해는 많은 부분이 복구되었다.

라메루 비치를 시작으로 다윈의 해변을 따라 걷기 시작했다. 무더운 날씨 탓이었을까? 주변을 오가는 사람은 거의 보이지 않았다. 자동차 정비소 몇 곳과 송신탑 몇 개만이 시야에 들어왔다. 길의 끝에서 "바다악어를 조심하세요"란 표지판을 발견했다. 매년 10월부터 이듬해 5월까지 바다악어가 출몰하기로 유명한 민딜 비치Mindil Beach*에 당도한 것이었다. 바다악어 떼는 사람들에게 치명적인 상해를 입히곤 했기에, 민딜 비치에서 수영을 즐기는 사람을 전혀 찾아볼 수 없었다.

* 매해 5월부터 10월까지 해 질 녘이면 민딜 비치 선셋 마켓(Mindil Beach Sunset Market)이 열린다. 석양과 함께 칵테일을 즐기거나 다윈의 각종 수공예품과 예술품을 구매할 수 있다.

민딜 비치에서 약간을 더 걸어 노던 테리토리 박물관Museum & Art Gallery of the Northern Territory에 도착했다. 그곳에서 제2차 세계대전에 이은 다윈의 또 다른 상처를 발견할 수 있었다.

1974년 12월 25일 새벽, 다윈 시내에는 갑작스러운 경보음이 울렸다. 사람들이 채 잠에서 깨어나기도 전에 사이클론 트레이시Tracy가 도시를 정면으로 강타했다. 60여 명의 주민들이 사망했고, 제2차 세계대전의 이후 새롭게 지은 열대 가옥들도 9000채 이상 붕괴됐다. 석조 건축물이던 다윈의 시청사까지 무너진 마당에 무엇 하나 온전한 것이 남아 있기를 바라는

것은 무리였다. 다윈은 재난 재해 지역으로 공표됐으며,
살아남은 이들 중 절반 이상이 정부에 의해 강제 이주됐
다. 도시를 복구할 최소한의 인원 외에는 누구도 다윈에
남지 않았다.

1 라메루 비치에는 전시 상황에 대한 상세한 묘사가 담긴 표지판이 세워져 있다.
2 민딜 비치. 매해 10월부터 이듬해 5월까지는 바다악어 떼가 출몰한다.
3 노던 테리토리 박물관 입구

노던 테리토리 박물관에서는 영상과 사진, 유품들로 트레이시의 파괴력과 당시의 위급함을 전하고 있었다. 이들을 찬찬히 살펴보며 다윈의 아픔에 동화돼 가던 중 박물관 제복 차림의 한 남자가 말을 걸어왔다. 그는 자신을 노던 테리토리 박물관의 큐레이터라 소개하며, 무더운 평일 오후 유일하게 찾아온 관광객을 반겼다. 또한 그는 트레이시가 남긴 절망감에 대한 부연 설명을 덧붙였다. 한 해 중 가장 즐겁고 평화로워야 할 크리스마스 아침, 다윈 주민들은 가족과 집을 잃었다. 문제는 다윈이 열대 사바나 기후대에 속했기에, 이후로도 매해 크고 작은 사이클론을 겪어내야만 했다는 것이다.

모든 이야기를 마친 후 그는 생뚱맞게도 오늘 저녁 나의 일정이 어떻게 되는지를 물어왔다. 괜찮다면 저녁 식사를 함께하지 않겠냐는 제안과 함께였다. 유감스럽게도 나는 그의 호의를 거절했다. 그의 식사 제안은 고마웠지만 타지에서 만난 이를 무작정 따라가기에는 마음 한구석이 편치 않았다. 덧붙이자면 그는 일말의 석연치 않음을 무시할 만큼 매력적이지도 않았다.

다윈 시내로 향하는 버스 정류장은 박물관에서 비교적 가까웠다. 버스의 차창 밖으로는 세계대전과 사이클론을 겪으며 두 차례의 강제적인 초기화를 경험한 다윈의 모습이 이어졌다. 도시의 외관은 상당 부분 안정을 되찾았지만 그날의 기억들은 쉽게 잊힐 만한 것들이 아니었다. 사이클론 트레이시는 다윈이 한창 전쟁의 피해를 수습해가던 와중에 찾아왔기에 유독 치명타를 남겼다.

다윈의 현대 가옥들은 이전보다 튼튼한 자재로, 사이클론의 피해를 최소화할 구조로 재건축됐다. 하지만 올여름에도 사이클론은 어김없이 찾아올 것임을 알기에, 주민들의 걱정은 여전히 상당하다. 다윈의 평안은 언제쯤에야 가능할까? 남는 것은 물음표뿐이었다.

그레이
노마드족과의 하루

버스를 기다리는 이들은 하나같이 머리가 희끗했다. 모두들 예순은 족히 넘어 보이는 가운데, 젊은 축에 속하는 사람은 나와 산드라Sandra 언니뿐이었다. 동양인 역시 우리 두 사람에 불과했다. 오랜만에 산드라 언니와 조우한 기쁨을 누리기도 잠시, 캐서린 협곡Katherine Gorge으로 향하는 할아버지 할머니들의 효도관광에 잘못 끼어든 것은 아닌지 불안감이 앞섰다.

어느 책에서 보았던, 다윈은 그레이 노마드Grey Nomad족들이 은퇴 후의 여생을 즐기기 위해 즐겨 찾는 여행지라는 내용이 문득 떠올랐다. 그 사실이 이토록 명백히 드러날 줄은 생각지 못했지만 말이다. 책에 소개됐던 내용에 따르면, 함께 줄지어 서 있는 이들 중 누군가는 한때 호주 경제를 쥐락펴락하던 사업가나 대형 은행의 은행장이었을지도 몰랐다.

그래서였을까? 잠시 후 도착한 투어 버스의 운전기사는 유독 느리고 조심스럽게 차를 몰았다. 손님들의 품위와 안전을 고려한 조치였겠지만, 내 성미와는 도무지 들어맞지 않았다.

오늘 중으로 목적지에 도착할 수나 있을까 싶던 버스는 니트밀룩 국립공원Nitmiluk National Park이란 표지판을 지나서 저만치 폭포수 소리가 들려올 때에야 정차했다. 그곳에는 큰 바우어새, 하얀 부리의 꿀빨이새, 빨간 꼬리의 검정 앵무새와 같이 국립 공원을 서식지로 하는 동식물에 대한 설명이 써진 안내판이 눈길을 잡아 끌었다. 서둘러 국립 공원 내의 이디스 폭포Edith Falls로 향하려는 나와 달리, 할아버지 할머니들은 설명문의 모든 내용을 숙지하려는 기색이었다. 설사 표지판에 안내된 새들과 마주하게 된

다 한들, 내가 그들의 이름이나 특징을 기억해낼 리는 만무했다. 하지만 별수 있겠는가, 나 또한 그분들의 곁에 서서 이를 정독하기 시작했다.

기다리다 못한 운전기사가 이디스 폭포의 아름다움을 상기시킨 후에야 일행들은 비로소 자리를 털고 일어났다. 그리고 폭포에 도착하자마자, 좀 전까지 점잔을 빼던 할아버지 할머니들은 옷을 벗어젖히고 주저 없이 폭포수에 몸을 담갔다. 할아버지들은 젊은 시절로 돌아가 수영 실력을 뽐냈고, 할머니들은 그들에게 박수를 보냈다. 그분들은 서로 물을 튀기며 사랑싸움을 하는 것도 잊지 않았다.

이디스 폭포를 온전히 즐기지 못하는 이는 나와 산드라 언니뿐이었다. 수영복은 챙겨오지도 않았을뿐더러, 그들처럼 속옷만 걸친 채 몸을 물에 담글 배짱은 더욱이 없었다. 대신 우리는 이디스 폭포의 물가에 몇 번이나 발을 담갔다 빼기를 반복했고, 수영을 끝낸 할아버지 할머니들의 부탁을 받아 그들의 기념사진 촬영을 도왔다. 할아버지 할머니들은 고마움의 표시로, 가방이나 주머니에서 주섬주섬 사탕과 초콜릿을 꺼내주었다.

할아버지 할머니들이 옷을 입고 머리를 말리길 기다린 후에야 캐서린 협곡으로 출발할 수 있었다. 그곳에는 13개의 협곡이 캐서린 강을 따라 굽이굽이 이어졌고, 높다랗게 솟은 협곡은 하늘과 그 끝을 맞대고 있었다. 협곡의 까마득한 고도는 혹시나 그들이 나를 향해 무너지지는 않을까 하는 우려와 자연에 대한 경외감을 동시에 불러일으켰다. 어느 하나 틀로 찍은 듯 똑같지는 않지만, 딱히 다른 점을 꼽을 수도 없는 풍경이 연속됐다.

◀ 니트밀룩 국립 공원은 이곳에 서식하는 동물들에 대한 상세한 설명을 제공했다.
▼ 니트밀룩 국립 공원 내 이디스 폭포

1, 2 13개의 협곡이 캐서린 강을 따라 이어진 캐서린 협곡
3 캐서린 협곡. 건기에 방문했기에 일부 유량이 적은 곳은 걸어서 이동해야 했다.
4 그레이 노마드족의 캐서린 협곡을 즐기는 방법

유량이 줄어 물살이 갈라지는 곳에 이르러 보트는 운행을 멈췄다. 우리는 협곡을 따라서 약간을 걸은 후, 다시 이전보다 작은 보트에 올라 협곡의 심부로 향했다. 유사하면서도 서로 다른 풍경들에 감탄하는 것도 잠시, 연속되는 광경에 슬슬 싫증이 날 즈음 가이드는 보트를 우회했다.

다시 올라탄 버스 안, 무심코 바라본 창밖으로는 오래전 운행을 멈춘 것으로 보이는 철길이 간간이 눈에 띄었다. 개중에는 도로가 개통되며 끊어진 구획도, 덤불에 뒤덮여 더는 열차가 다니기 어려운 구획도 있었다. 온전히 관리된 철도를 감상할 수 있던 것은 파인 크릭Pine Creek에 도착한 이후의 일이었다.

파인 크릭은 한때 호주 내륙을 남북으로 관통하던 열차의 경유지였다. 존 맥두얼 스튜어트John McDouall Stuart가 호주 내륙 종단에 성공하고 그의 이동 경로를 따라 내륙 전신망이 들어선 이후, 호주 정부는 새로운 국책사업을 하나 더 기획했다. 내륙 전신망이 연결된 경로를 따라 이번에는 철도를 개통해, 사람과 물자 또한 호주의 남과 북을 자유롭게 오가게 하려는 것이었다.

철도 공사는 전신망을 연결하는 것보다 몇 배로 복잡했고 더 오랜 시간이 걸렸다. 공사에 동원된 인부들은 철길을 따라 임시 텐트를 지어 머물 곳을 마련했다. 공사 기간이 길어짐에 따라, 이들의 거취는 자연스럽게 새로운 마을이 형성되는 결과를 낳았다. 인부들을 상대로 숙박업이나 요식업을 운영하기 위해 마을에 정착하는 사람들도 생겼다. 철길이 그 길이를 늘려갈 때마다 호주 내륙에 정착하는 이들의 수도 함께 증가했다.

현재 철도의 일부 구간은 운행을 멈췄으며, 더 이상 사용되지 않는 기차역은 철도 박물관으로 변모해 운영되고 있다. 그리고 파인 크릭과 호주 내륙의 여타 마을로 이주했던 사람들은 젊은이들을 중심으로 다시금 대도시로 향하는 추세를 보인다. 비록 과거의 번화함은 사라진 지 오래지만, 이곳에는 한때 행복에 겨운 웃음소리가 넘쳐흘렀던 적이 있다. 당장 오늘 하루를 함께 보낸 할아버지 할머니들의 옛이야기를 상상할 수 없듯이, 쉽게 짐작되는 광경은 아니지만 말이다.

니트밀룩 방문자 센터(Nitmiluk Visitor's Centre)에서는 호주 내륙에 철도가 개통된 과정을 보여준다.

4만 년의
유산

　　　　　　　고속도로는 먼 지평선에 이르기까지 뻗어 있었고,
도로의 양옆으로는 이따금 이름 모를 수풀만이 모습을 드러냈다. 그 길을
따라 산드라 언니와 함께 다윈 외곽의 카카두 국립 공원Kakadu National Park을
방문할 예정이었다.

　버스는 작은 로드 하우스road house에 도착해서야 잠시 정차했다. 로드 하
우스는 식당과 카페, 기념품 가게 등을 겸하고 있는 호주의 고속도로 휴게
소를 지칭한다. 규모가 큰 곳은 주유소까지를 겸하고 있을 정도로, 이곳은
호주 내륙을 여행하는 이들에게 필요한 모든 것을 제공한다.

　로드 하우스에서 생강 향이 나는 무알코올 토착 음료를 시킨 대가로 주
인아저씨의 버팔로 사냥 경험담을 들을 수 있었다. 19세기 말부터 버팔로
사냥은 다윈 외곽의 수입 대부분을 차지할 정도로 성행해 있었다. 백인들
은 버팔로의 가죽과 뿔을 팔아 이익을 챙겼고, 그는 젊은 시절 일련의 흐
름에 동참해 적잖은 돈을 모았다고 했다.

　버팔로 사냥 열풍으로 생활이 나아진 것은 백인들만이 아니었다. 그들
은 총, 칼 등 사냥에 필요한 도구들은 가지고 있었지만, 사냥에 실질적인
도움이 될 만한 노하우는 알지 못했다. 백인들은 인근 애버리지니 사람들
Aborigine Peoples로부터 도움을 얻을 수밖에 없었다. 애버리지니 사람들은 약
간의 금전적 대가를 받고 그들의 버팔로 사냥을 도왔다.

　당시의 협업에 대해 후대 사람들은 상이한 견해를 보인다. 백인들은 자
신들 덕분에 애버리지니 사람들이 경제적으로 윤택한 삶을 살게 됐다며
당시의 협업을 성공적으로 평가한다. 하지만 애버리지니 사람들의 생각

은 다르다. 그들은 백인들이 수익의 일부를 나눠줬으나 이는 생계를 유지할 만한 수준이 되지 못했고, 도리어 몇 푼의 돈을 대가로 그 이상을 잃었다는 입장이다.

우선 그들은 살 곳을 잃었다. 버팔로 사냥을 기회로 삼아 백인들은 대거 호주의 내륙으로 들어왔다. 그들은 수원지를 중심으로 영역을 넓혀갔다. 애버리지니 사람들은 사냥을 도울 소수를 제외하고는 마실 물조차 쉽게 구할 수 없는 오지로 내쫓겼다. 물론 그들 중 일부는 저항을 시도했다. 하지만 총과 칼을 든 백인들 앞에 나무 막대기와 돌멩이를 손에 쥔 애버리지니 사람들은 약자가 될 수밖에 없었다.

백인들과 타협을 꾀한 소수의 애버리지니 사람들도 마냥 행복하지는 못했다. 그들은 버팔로 사냥에 이어 호주 내륙의 전신망과 전신국, 철도 공사 과정에까지 동원됐다. 동시에 그들은 백인들의 술과 담배, 마약에 노출됐다. 전에 느껴보지 못한 중독성과 환각 앞에서 그들은 어찌 행동할 바를 알지 못했다. 술과 담배, 마약을 계속 얻기 위해 가학적인 수준의 노동에 참여할 뿐이었다. 백인들은 이를 방관했다.

로드 하우스를 출발해 카카두 국립 공원에 도착하기까지는 1시간이 넘게 걸렸다. 하지만 이는 카카두 국립 공원 초입에 들어선 것뿐이었기에 노우랜지 록Nourlangie Rock를 보기 위해서는 1시간을 더 가야 했다. 카카두 국립 공원은 호주에서 가장 거대한 국립 공원으로, 그 너비가 남북으로 200km, 동서로 100km에 달한다. 이는 유럽 국가인 슬로베니아와 비슷하며, 스위스의 절반 크기에 해당하는 면적이다. 그 때문에 카카두 국립 공원 내 볼거리 하나를 구경할라치면 최소 1시간은 이동해야 했다.

노우랜지 록은 근처 안방방 주거지Anbangbang Shelter의 유명세로 인해 알려졌다. 안방방 주거지는 카카두 국립 공원 부지 내에서 유독 애버리지니 암각화가 많이 남아 있기로 유명한 곳이다. 하지만 암각화를 구경하기 이전, 산드라 언니와 난 파리 떼의 격렬한 환영 인사와 마주해야 했다. 그들은

끊임없이 귓가를 맴돌았고, 반팔과 반바지에 가려지지 않은 몸의 맨살에 들러붙었다. 일부 녀석들은 입가를 향해 집착적으로 달려들었다.

파리 떼에 허우적거리고 있을 때, 옆으로 한 무리의 호주인 여행객들이 지나갔다. 그들은 새로 나온 파리 춤을 선보이냐며 우리에게 농을 던졌고, 그들을 쫓으려 애쓰기보다는 체념하는 편이 빠르리라 충고했다. 이는 그들의 조상들로부터 전해진 가르침으로, 호주 사람 특유의 웅얼거리는 영어 발음이 형성된 배경이기도 하다. 그들은 파리가 입으로 들어오는 것을

피하고자 입을 최소한으로 벌린 채 말하는 법을 터득했다.

거슬리는 파리 떼에 쏠렸던 이목은 안방방 주거지의 애버리지니 암각화를 보는 순간 그림에만 고정되었는데, 그곳에는 여러 동물과 그것을 사냥하는 사람들의 모습이 바위에 그려져 있었다. 전해지는 바에 따르면, 암각화를 그리는 것은 애버리지니 사람들이 성공적인 사냥을 기원하는 행위였다. 그들은 그림을 그리며 동물들의 영과 접촉하고, 그들을 잡을 지혜를 얻을 수 있다고 믿었다.

번개 인간Lighting Man이 그려진 암각화 또한 볼 수 있었다. 그는 애버리지니 사람들의 드림타임에 등장하는 신으로, 카카두Kakadu 일대의 비와 구름, 천둥 번개를 주관한다고 알려져 있다. 번개 인간의 전능함을 상징하기 위해, 애버리지니 사람들은 물고기 머리와 2개의 페니스를 그려 넣었다. 다소 기괴한 그의 모습은 다음과 같은 이유에서 기인한다.

1 안방방 주거지의 구심점이 된 노우랜지 록
2 안방방 주거지의 암각화
3 안방방 주거지에 그려진 기괴한 모습의 번개 인간

첫째, 안방방 주거지와 카카두 일대는 우기 때면 매해 극심한 폭우가 쏟아진다. 급격히 불어난 물살에 육지의 온갖 동물들이 떠내려가는 가운데 생존의 우위는 어류에게 있었다. 그렇기 때문에 안방방의 애버리지니 사람들은 신이 있다면 그는 물고기의 형상을 하고 물을 주관하리라 믿게 되었다. 둘째, 그들은 남성의 생식 능력이 부족의 근간이라 생각했다. 애버리지니 사람들은 사냥과 채집에 의존해 경제 활동을 했기 때문에, 부족의 인구수는 다다익선이었다. 따라서 그들은 번개 인간과 같이 전능한 존재는 2개의 페니스를 가졌으리라 믿었다.

일부 암각화는 사람의 손이 닿지 않는 높이에 그려져 있었는데, 애버리지니 사람들은 이 그림들이 요정 미미^{Mimi}의 존재를 뒷받침한다고 생각했다. 미미는 호주 북부의 민속설화에 등장하는 요정으로 애버리지니 사람들에게 불을 피우는 법, 사냥하는 법, 요리하는 법 등을 전승했다고 믿어지는 존재이다. 그들은 바람이 불면 흩날릴 정도로 작고 가느다랬기에 바위틈에 숨어 살며 애버리지니 사람들의 생활을 도왔다.

카카두 국립 공원의 다음 볼거리는 안방방 빌라봉^{Anbangbang Billabong}에서 찾아졌다. 빌라봉은 '물웅덩이' 또는 '습지'를 뜻하는 애버리지니어로, 그곳에는 호주의 내륙에서 발견할 것이라 상상조차 못한 푸른 늪지대가 존재했다. 이곳은 카카두 국립 공원 일대가 유네스코 세계자연유산으로 지정되는 데 결정적인 역할을 했으며, 호주 정부에 일대의 자연환경을 보존해야 하는 당위성을 안겨주었다.

보트를 타고 안방방 빌라봉을 둘러보기 시작했다. 적갈색의 깃털휘파람오리와 까치기러기 떼가 수풀 너머로 빼꼼히 고개를 내밀었고, 가마우지는 배에 탄 사람들을 신기하다는 듯이 쳐다봤다.

옐로강의 비라릉웅은 '물웅덩이' 또는 '습지'를 뜻한다.

검은목황새는 주변을 아랑곳하지 않았고 수십 분째 같은 자세로 고고한
자태를 뽐냈다. 곧이어 등장한 바다악어는 사람들을 더욱 환호하게 만들
었다. 누가 누구를 구경하는 것인지 헷갈릴 정도로 습지에는 수십 종의 새
들과 다양한 생물종이 서식하고 있었다.

　버팔로 사냥이 성행하던 때로부터 100년의 시간이 흐른 오늘날, 애버리
지니 사람들에 대한 호주 정부와 백인들의 처우는 많은 부분이 개선됐다.
정부는 뒤늦게나마 그들의 술과 담배, 마약에의 중독 문제를 해결하려 나
섰고, 생활보조금도 일부 지급했다. 1976년에는 '애버리지니 사람들의 토
지 권한에 대한 법령The Aboriginal Land Rights Act'이 제정돼, 카카두 국립 공원을
비롯한 대륙 전체에 대한 애버리지니 사람들의 소유권 일부가 인정됐다.

　어떤 이들은 '이쯤이면 족하다'며 호주 정부가 할 도리를 다했다고 이야
기한다. 한 세기 전까지만 해도 애버리지니 사람들은 그들의 존재 자체를

1 검은목황새는 고고한 자태를 뽐냈다.
2 아프리카자카나. 수생식물들 위를 걸어 다녀 '예수새(Jesus Bird)'라고도 불린다.
3 바다악어는 바다뿐만 아니라 호주와 습지대에서도 서식한다.

인정받지 못했고, 그들이 향유하던 모든 것을 '미개하다'는 단어로 평가받았다. 그러니 그들의 권리가 법적으로 명시된 것은 크나큰 진보가 아니냐는 것이다. 하지만 카카두 국립 공원 일대는 본래 애버리지니 사람들의 땅이었다. 오세아니아 대륙도 그러하다. 1976년에 제정된 법령에 근거하여, 애버리지니 사람들은 그저 본래부터 자신들의 소유였던 것을 되돌려 받았을 뿐이다. 백인들은 4만 년 동안이나 이곳에 살아온 애버리지니 사람들의 앞에서, 마치 이 땅이 원래부터 자신들의 것이었던 양 굴고 있다.

다시 다윈 시내로 되돌아가는 길. 시야를 가로막는 어떠한 고층 건물도 없이, 태양은 한 뼘씩 그 자취를 감춰나갔다. 애버리지니 사람들에게도 내일의 태양은 뜰까? 그들에게 닿은 사념은 어떠한 결론도 내지 못한 채 흐려져 갔다.

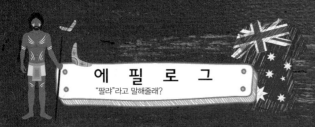

　　　　　　　다윈Darwin 을 끝으로 브리즈번Brisbane행 비행기에 올랐
다. 브리즈번에서 며칠을 더 지내며 짐을 정리한 후에 한국으로 돌아갈 예정이
었다. 그간 타지 생활을 함께한 친구들에게도 이젠 작별 인사를 건네야 했다. 그
동안 대륙의 곳곳을 다니며 무수한 인사들을 반복했지만, 이번만큼은 심경이 남
달랐다. 한국으로 돌아간 후에는 언제 다시 호주 땅을 밟게 될지, 언제 다시 이
곳에 남은 이들을 만나게 될지 알 수 없었다.

　　호주에서의 지난날을 돌아보건대, 배낭 하나에 의존해 대륙의 곳곳을 안 다녀
본 곳이 없었다. 여행을 하지 않을 때면 여행했던 혹은 여행할 도시의 뒷이야기
를 찾으려 학교 도서관의 역사나 지리 코너에 틀어박혀 있었다. 교수님과 호주
인 친구들을 찾아가 책에서 읽은 내용을 되묻기도 일상이었다. 그 가운데 애버
리지니 사람들Aborigine Peoples에 대한 뜨뜻미지근한 그들의 반응은, 애들레이드에
서 한 애버리지니 아저씨를 만나며 이 책을 쓰게 된 동기로까지 이어졌다.

Give me a home among the gum trees(유칼립투스 사이 집을 주세요)

With lots of plum trees(자두나무도 많고)

A sheep or two and a kangaroo(양 한두 마리와 캥거루)

A clothes line out the back(집 뒤에는 빨랫줄)

Verandah out the front(앞마당에는 차양과)

And an old rocking chair(오래된 흔들의자)

호주의 아웃백을 여행하며, 가이드 소피로부터 배운 노랫가락이다. 백인 아이들을 통해 구전돼 온 노래지만, 어쩌면 애버리지니 사람들에게 더욱 간절한 내용일 것이다. 애버리지니 사람들은 빨랫줄을 내걸 뒷마당이나 앞마당의 흔들의자까지 바라지도 않는다. 단지 호주 내륙의 유칼립투스 사이에 있을 집 한 채를 되찾길 소망할 뿐이다.

그날이 언제가 될지는 누구도 모른다. 호주 내 애버리지니 사람들에 대한 처우는 많이 나아졌지만, 여전히 개선의 여지가 남아 있다. 다만 그들 사이에서 시작된 투쟁이 호주의 젊은이들과 정치인들에게까지 퍼져 나가고 있기에, 그날이 머지않았으리라 추측해볼 뿐이다. 그리고 그날이 오면 우리에게 필요한 것은 "팔랴Palya"란 인사말 그 이상도 그 이하도 아닐 것이다.

애버리지니 사람들이 그들의 권리를 되찾는 날이 서둘러 오길, 조용히 함께 꿈꿔본다. 팔랴!